大科学家的小故事

钱伟长

王海燕 编

苏州大学出版社
Soochow University Press

图书在版编目(CIP)数据

钱伟长/王海燕编．—苏州：苏州大学出版社，2015.2（2020.6重印）
（大科学家的小故事/王建成，吴文智主编）
ISBN 978-7-5672-1234-3

Ⅰ.①钱… Ⅱ.①王… Ⅲ.①钱伟长（1912～2010）—生平事迹—青少年读物 Ⅳ.①K826.11—49

中国版本图书馆CIP数据核字(2015)第034524号

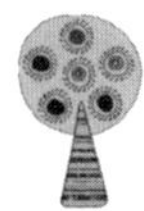

钱伟长

大科学家的小故事

编　　者　王海燕
丛书策划　李寿春
责任编辑　盛　莉
装帧设计　刘　俊
出版发行　苏州大学出版社
地　　址　苏州市十梓街1号
邮　　编　215006
电　　话　0512-67481020　65222617(传真)
网　　址　http://www.sudapress.com
印　　刷　龙口市新华林文化发展有限公司
开　　本　850 mm×1 168 mm　1/32　印张5.25　字数82千
版　　次　2015年2月第1版　2020年6月第3次印刷
书　　号　ISBN 978-7-5672-1234-3
定　　价　16.00元

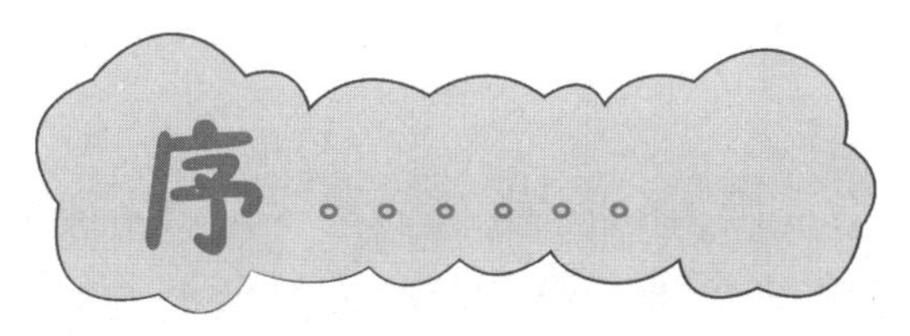

序

人类社会进入到二十一世纪，科学技术日新月异。那些在过去常常被人们视作不可能的梦想，今天大多成了现实。网络技术的日益成熟更使人们对科学的无限创造力不再有丝毫的怀疑，更加对那些在科学创新的崎岖道路上不畏艰难、勇于攀登的先人们怀有深深的敬意。试想，如果不是瓦特发明了蒸汽机，我们的交通、我们的工业就不会有今天的发展；如果没有爱迪生发明的电灯，我们的夜晚肯定没有如今的五彩缤纷。

勒格罗博士在法布尔的传记《敬畏生命》一书中指出，每一个时代总是会有那么一些具有特殊才能的人，以他们不朽的贡献在人类进步的过程中留下值得纪念的一笔。特别是那些在某些领域里开拓出新的境界的人，更加值得我们怀念。对于他们这样的人杰，单单只是抱着一种敬仰的态度显然是不够的。如果能够将人们对他们的怀念虔诚地搜集起来，无疑可以对后世起到一种教育和楷模的作用。

这些著名科学家生活在不同的年代，奋斗在不同的科研领域，经历过成功的喜悦，也遭受过失败的痛苦，最终，他们的研究促进了人类社会的进步，赢得了历史的认可。因此，在后人的眼中，他们往往是传奇般的英雄。他们总是废寝忘食地工作在远离人间烟火的实验室里，做事一板一眼，仿佛与风趣幽默沾不上边。

确实，科学是严谨的、深奥的，科学家是寂寞的，和科学家们打交道最多的是实验室以及实验数据。他们背景迥异，性格不同，却无一不具备细致入微的观察力、坚韧不拔的毅力、无比深邃的科学思想、可歌可泣的奉献精神。他们就像神探福尔摩斯一样，在大自然的蛛丝马迹中探寻人类未知的宇宙天地间的奥密。他们发明和发现的道路如同原始森林中的崎岖小径，跌宕起伏，丰富多彩。从书中一个个生动的故事为我们破解了一位位科学巨人成功的奥秘。从这个意义上说，科学家的生活又是迷人的。

华罗庚学习起来非常刻苦和努力，每天他都能够坚持自学十几个小时以上，有的时候，一天只睡四个小时的觉。寒冬腊月天，屋子里寒气逼人，手脚冻得冰冷发僵，连写字的砚台都被冻住了，他就把砚台放在脚炉上，一边磨墨，一边用毛笔蘸着墨汁做习题。

小仲揆（李四光的小名）从小很勤劳，懂得为家庭分担困难。他常常帮着妈妈打柴、舂米、推磨、扫地、提水、放羊、割草等，几乎样样事情都能干。他成了妈妈的好帮手。他用小提桶帮妈妈提水，让水缸里的水总是满满的；他带着扒子上山去搂树叶，让灶堂底下的柴禾总是堆得高高的。

丰富多彩的大学生活开始了，钱伟长也开始了人生中的另一个重要阶段。博学的老师，教育理念的先进和个性化，融洽的师生关系，多彩的大学生活……这一切成了钱伟长一生中的重要财富。

钱学森兴趣广泛，除了主修的理科，还痴迷于许多人文学科。当时的北师大附中开设了许多的选修课：音乐、绘画、文学、诗歌……钱学森带着强烈的求知欲望、浓厚的学习兴趣在师大附中这片充满生机的知识海洋中遨游，为自己未来的科学研究事业和精彩人生奠定了坚实的人生基石。

为了全面掌握气象科学方面的知识，竺可桢攻读了和气象相关的十多门课程。课后，他又到一家又一家的书店里去寻找和气象学、地理学相关的书籍，买回了一大堆书。别的留学生参加各种聚会、运动会、演讲会，竺可桢就一个人在图书馆读书。在哈佛的这一年，时间过得特别快，竺可桢学到的知识也特别丰富，他确定了自己的科学目标。

……

这是一套引人入胜、让读者受益无穷的丛书，在轻

松的故事叙述中阐释深刻的哲理，引导青少年步入科学殿堂。丛书不仅介绍了科学家的人格、所处的社会和时代、思想历程，还阐述了科学家的科学发现与技术发明的基本知识及其意义，引导青少年正确认识科学研究的过程、方法和基本原则。同时，考虑到丛书面向的是青少年读者群，编写者有意跳过了那些深奥难懂的技术细节，在对这些大科学家别样人生的讲述中，注重诠释科学精神，展现大家风采，激励读者登攀科学高峰。

本丛书是科学与人文相融合的结晶，旨在为广大青少年读者的健康成长提供精神食粮，是助益青少年起跑与腾飞的健康加油站。

目录 Contents

1 多彩少年

身高不“达标”的矮个子 2

在“墨香”中成长 5

“拼命三郎” 9

2 有志青年

弃文从理 16

师恩难忘 24

异国求学路 29

崭露头角 36

铮铮赤子心 41

3 杂味中年

清华园的艰辛生活 48

“我是一个爱国主义者” 53

“三钱” 60

不计得失的“地下工作者” 66

老钢铁工人 74

4 睿智老年
人生中的春天来临 80
先行的环保卫士 89
学以致用的力量 104
超龄校长 114
最看重的称号是“校长” 132
创新的教育思想 141
附录 钱伟长的教育理念集萃 148
参考文献 160

1. 多彩少年

- 家境贫寒挡不住学习的热忱，浓郁的家庭文化氛围培养了浓厚的文学兴趣，这为钱伟长日后的学习奠定了良好的基础。

身高不"达标"的矮个子

七房桥，无锡县的一个小乡村，它的名字源于同族的七个家庭落难到此，建立了七个独立的家庭。正是这七个家庭的建立，使得七房桥成了一个世人皆知的地名。我国著名的历史学家、国学大师钱穆正是从这里走向世界的。1912 年 10 月，一个新生儿的诞生更是为七房桥打开了一个全新的局面。他就是钱伟长——世界著名的科学家、教育家，中国科学院资深院士，对我国乃至世界的力学研究做出了杰出贡献的人。

宝剑锋从磨砺出，梅花香自苦寒来。钱伟长在童年时，并不是大家所想象的那样，过着富足的生活，恰恰相反，钱伟长的童年生活伴随着贫困、饥饿和艰辛。钱伟长的祖父是前清的末榜秀才，他的父亲和叔父都是贫穷的乡村教师，收入微薄，却不得不承担起家庭的重担，这对他幼小的心灵影响很大。钱伟长在幼年的生活中，几乎没有穿过新衣服，所穿的衣服都是叔父们小时候穿过、穿旧，又经过钱母剪剪拼拼、缝缝补补而成的。有的衣服钱伟长穿着太长、太大，但是剪了又担心日后长高了，衣服浪费了，因此，就在腰部的位置折叠起来缝上，以备日后长高了再打开来。时间久了，露在外面的布料颜色已褪得差不多了，而里面的布料因为“保护”得好，颜色依然保持着，整件衣服的颜色看上去就像是特意染出来的渐变色。其实，衣服的问题不是最痛苦的，生活的贫困，卫生条件的差劲，导致幼小的他不幸患上了疟疾、痢疾、肺病、伤寒等。由于遭受这些疾病的折磨，已经 18 岁的钱伟长在进入清华大学体检时发现，自己的身高只有 1.49 米！这个高度居然还没有达到标杆的最低线——1.50 米。难怪当时任清华大学教授的马约翰吃惊地喊道：“不达标啊！”后来，马老还告诉钱伟长，钱伟长是多少年来清华大学唯一一个身高连标杆刻度都没有达到的学生。

生活就像调味剂，酸甜苦辣咸，样样齐全。虽然幼年的生活是贫苦的，是艰辛的，但是它同样也存在着甜味剂。这里的甜味剂就是文化学习。钱家代代相传的家训中，有一些是对个人的要求，这部分内容中就有这样的祖训：“读经传则根柢深，看史鉴则议论伟。能文章则称述多，蓄道德则福报厚。”它的意思是说，人一定要饱读经书，只有这样，才能有深厚的功底，才能学习到历史中的相关知识，才能明白历史给我们留下的教训，才能下笔如有神。钱家的祖训对钱家子弟的影响非常深，他们认真遵从祖训，不断学习。钱家世代子弟均堂堂正正，笃实博学，而且他们还热心公益事业，坦诚爱乡，常常为邻里排忧解难，解决纠纷，主持正义，因而得到了大家的尊重。后来，钱伟长家惨遭火灾后，还能借住在乡里，不能不说是对这些付出的回报。

在"墨香"中成长

钱伟长的父亲和叔父们个个博览群书,而且琴棋书画样样精通。每年的寒假、暑假都是钱家大聚会的热闹日子。钱伟长的父亲和叔父们从学校里放假回家,在家里搭起了"文化节"的舞台。钱伟长的父亲钱挚和四叔钱穆对中国文化和历史非常有研究,而且功底深厚。他们还省下微薄的工资买了二十四史、欧美名著等经典著作。无锡的地理位置在南方,气候潮湿,因此,每年夏天钱穆他们都要把家里珍藏的书拿出来晾晒。晒书是钱伟长特别喜欢参加的活动,看着充满历史感的线装古书,闻着书中散发出来的墨香,想象着自己熟悉的历史故事就在这些书里,这种感觉真是太奇妙了。更重要的是,这些古书激发了钱伟长对中国的悠久历史的兴趣,也为他日后学习历史和文学知识打下了良好的基础。

钱伟长的八叔钱文擅长写小品和笔记杂文,经常在杂志上发表文章,得到了文坛的重视。根据唐朝文化发展过程中的一个重要口号,他给自己起了一个笔名叫"别手"。他比钱伟长长八岁,也是幼年时期对钱伟长影响较大的一位长辈。钱伟长幼年时的阅读生活就是受到了八叔的影响。从《史记》到《水浒》,从《春秋》到《汉书》,钱伟长在八叔的书堆里如饥似渴地吸收着营养。八叔同时还兼任钱伟长的家庭教师。钱伟长的父亲要求钱伟长每两天就要上交一篇作文,而这些作文都是由八叔亲自批改的。正是通过这种长期坚持不懈的练习,钱伟长的写作水平突飞猛进,后来进入学校上学后,他语文课的成绩一直稳居榜首。八叔可是功不可没。

在中国的传统文化观念中,一个人应该诗词歌赋、琴棋书画样样精通。钱家的教育理念也是如此,他们除了热爱诗词歌赋外,每个人还都热衷于棋艺等的学习。闲暇时,钱挚、钱穆、钱艺、钱文等人就常常下围棋,还经常打擂台。这样的时刻,是钱伟长最兴奋的时刻,因为他每次既可以观战,同时又可兼任记分员。观看父亲和叔叔们下棋对他来说真是一种享受。后来,钱伟长也常常把家中的棋谱拿出来摆一摆,照着父辈们的做法学习下棋。通过一段时间的摸索,他的围棋水平大有提升,在学校参加过多次比赛,也拿过多次冠军,只是他还从未敢挑战过父辈们。

有一段时间,因为特殊情况,钱穆、钱文、钱艺等都从单位回家"休整",虽然有着较重的心理压力,但是有着乐观精神的钱家人，并没有从此沉沦下去，反而充分利用起这段难得的“清闲”时间，开展起了丰富多彩的“钱家文艺生活”。每次晚饭后，钱家的小型音乐活动就拉开序幕了。钱挚擅长弹奏琵琶，钱穆擅长吹箫，钱文吹得一手好笛，钱艺的二胡则拉得如行云流水。家里的其他成员都是热心观众，有钱伟长的祖母、母亲、婶母和弟弟、妹妹等，连邻居也把它当成了“固定节目”，每天都会前来欣赏。在这种氛围的熏陶下，钱伟长的节奏感被培养出来了，刚开始，他练习打碗、击板，随着练习次数的增加，他的节奏感越来越强。这对他以后欣赏音乐有着非常重要的作用。

精神的力量战胜了物质的匮乏。虽然当年钱家的生活显得很拮据，但是，这并没有影响到他们对生活的热情和热爱。钱伟长的祖母是一个具有中国传统美德的女人，她不仅把家庭治理得井井有条，还关注子孙后代的思想品质的教育和文化的学习。这些良好的品质给钱伟长幼小的心灵带来了极大的影响。祖母治家有方，三代人聚在一个大家庭里，虽然每天是粗茶淡饭，但是大家过得有滋有味。在钱伟长的印象中，母亲和祖母总是在不停地忙碌，白天忙于农活；夜幕降临，她们要么纺纱，要么就忙于养蚕等活计，有时祖母还会抽空教他识字。穷人的孩子早当家，在家庭氛围的熏陶下，钱伟长从小就有热爱劳动的习惯。当祖母和母亲忙着养蚕、挑花、糊火柴盒这些活计时，钱伟长都会积极帮忙，以减少她们的劳苦，同时也可以为家庭添补一些家用。

上天总是会眷顾不怕辛劳的人，生活中虽然会有一些苦痛和不如意，但是同样也不缺乏甜蜜。无锡距离太湖非常近，这个天然的大湖泊不仅滋润了周围的广袤大地，为周围的百姓提供了重要的生命水源，而且使得这一地带成了有名的鱼米之乡。它不仅滋润了大米等农作物，还为人民带来了其他的生活物品，如鱼、虾等。七房桥靠近太湖的一角，是盛产鱼、虾的好地方。那儿更是孩子们的快乐天地。钱伟长和小伙伴们在河沟、芦苇荡边就可以捞到小鱼小虾，摸到螺蛳，别小看这些东西，它们可都是解馋的美味。

美丽的大自然不仅为人们提供了生活的必需品，还为人们提供了愉悦和快乐。钱伟长和小伙伴有时在田野间奔跑、嬉戏，有时躺在大地上尽情地享受温暖的阳光，有时仰望满天的星星。春天到了，他们还可以在田野里采到野菜，拿回家，经过祖母和母亲的收拾，便成了一碟碟美味的佳肴。大自然，在钱伟长他们的心中意味着生活和快乐，还意味着敬畏和尊重，正因为如此，他对人类尊重自然的重要性才有了更深刻的体会，从而为我国的建设提出了重要的、有益的建议。

“拼命三郎”

1917年的一场大火将钱家七房桥的老宅焚毁，万般无奈之下，钱家迁居荡口，向别人借了一处房子居住。第二年，钱伟长就入学了，当时他只有五岁。由于钱挚和钱穆当时都是小学的教师，因此，钱伟长跟随他们入读小学。他先后在荡口镇南东岳庙小学、镇北司前弄小学、后宅镇小学、荡口镇中鸿模小学和无锡荣巷公益学校就读。在四叔钱穆的熏陶下，钱伟长背了很多古文和古诗，包括一些儒家的经典著作。当时，钱穆对欧洲的一些著作非常感兴趣，读了大量的作品。每当他读这些作品的时候，他都要求钱伟长和他一起读。虽然那时钱伟长对那些作品只是似懂非懂，但是，这种做法为他打下了良好的基础，使他养成了阅读的习惯，这对他日后的学习来说，起到了至关重要的作用。后来因为北伐，他还到过无锡国学专修学校、无锡县初中等学校上初中，直至考入苏州高中。但由于当时北伐所带来的战乱，学校教学秩序被打破，学生经常停课逃难，所以虽然从时间上看钱伟长的小学、初中生活有11年，但是实际上的上学时间连五年都不到。

进入苏州高中一个月后，钱伟长的家中传来噩耗，他父亲去世了。当时钱挚只有39岁。古人说，三十而立，四十不惑。钱挚正迈过而立，还未度过不惑之龄，这怎能不令人扼腕痛惜呢？钱伟长还记得开学时，父亲带病为他送行，当时他还嘱咐钱伟长说："苏州中学是江南名校，这次能考取入学是很不容易的，家庭再困难也要供你读书。学校里有许多位优秀教师，一定要勤恳努力学习，做有知识、有教养、对国家有用的人。这次考试虽名落孙山，只要有志气后来可以居上嘛，任何人的成就都是经过艰苦奋斗才得到的。"①父亲的话依然在耳边萦绕，指引他前进的路。钱挚去世后，钱家面临着更大的经济困难。钱伟长还有一个弟弟、两个妹妹，三个月后，母亲又生下了遗腹子七妹。家中没有积蓄，父亲一生热爱书籍，除了一柜子书以外没有留下其他东西。这时父亲的老师华倩朔先生帮了一个大忙，让他们住进了华家的房子，并且免去十年的租金。后来，七房桥同族的人还出面交涉，让钱氏怀海义庄捐给他们救济粮，使他们免于饥饿。钱穆每月从自己的工资中拿出六元钱贴补家用，并且资助钱伟长上完高中。钱伟长也不是没有过退学的念头，但是钱家的

---

① 钱伟长. 钱伟长文选. 杭州：浙江科学技术出版社，1992：2.

祖训特别强调，钱家的子弟无论在什么样的困境下都不能放弃读书，钱穆、钱伟长他们都严格遵循着钱家的祖训，在困难中也不随便放弃，依然坚持着对知识的追求。

在苏州高中上学的时候，钱伟长开始有了自己独立的想法，他想尽快学习到一些对社会工作有用的知识，培养一些适合以后谋生的能力，只有这样才能快速地独立起来，承担起家庭的重担，养家糊口。在钱伟长的幼年时期，他的教育主要来自家庭，因此，他的国学知识功底深厚，但是，数学方面的知识则比较缺乏，外语之类的课程更是没有接触过。为了在三年的时间里迅速赶上其他同学，钱伟长如饥似渴地学习一切知识。像数学这类课程，他还补习了小学部分的内容。

人们常说："上有天堂，下有苏杭。"苏州的小桥流水、古典园林等名胜古迹闻名于世，尤其是拙政园、虎丘、寒山寺等更是让人向往的胜地。唐朝诗人张继还在寒山寺写过一首流传后世的诗作《枫桥夜泊》："月落乌啼霜满天，江枫渔火对愁眠。姑苏城外寒山寺，夜半钟声到客船。"苏州高中处在苏州城中，要想去这些地方游玩是件非常容易的事情，但是，钱伟长在苏州高中上学的三年时间里从未去过一次。等到他去游玩虎丘、寒山寺这些名胜古迹时，已是 60 岁高龄了。

为了争取更多的时间学习,钱伟长还强制自己不参加同学们的游戏和运动,甚至连课外活动都尽量不参加。三年中,钱伟长只去过几次沧浪亭。而那是因为当时的苏州市立图书馆设在沧浪亭内。

经过一段时间的努力学习,钱伟长的学习有了非常明显的进步,他不仅补上了小学部分的知识,连初中缺失的数学、物理、化学、生物、地理课程等都有了起色,顺利地跟上了班里的大部分同学。

钱伟长的进步除了归功于个人的努力之外,还得益于苏州高中的老师们的帮助。当时的校长汪懋祖先生请来了很多颇有名望的老师。如钱伟长的四叔钱穆,当时是国文老师,后来任燕京大学的讲师,北京大学和清华大学的历史系教授。吕叔湘在苏州高中任过国史教师,后来他到中国社会科学院任历史语言研究所所长。后来的南京大学西语系主任沈同洽在苏州高中任英文教师。另外还有地理教师陆侃舆、音乐教师杨荫浏、数学教师严晓帆等。这些老师们具有丰富的教学经验和刻苦钻研的精神,他们在教育中注重因材施教。当时,钱伟长的数学成绩一直较差,严晓帆老师考虑到钱伟长的困难,对他进行专门辅导,经常给他“开小灶”。由于白天上课的时间有限,严老师常常在晚上为钱伟长加班。经过一段时间的“特殊照顾”，钱伟长的数学成绩有了明显起色。而这种“开夜车”的习惯，钱伟长一直到老年时还保留着。

在苏州高中就读的三年时间里，钱伟长不仅从这些老师们的身上学习到了丰富的文化知识，同时还被他们高尚的品格深深地打动。

2. 有志青年

丰富多彩的大学生活开始了，钱伟长也开始了人生中的另一个重要阶段。博学的老师，个性化的先进教育理念，融洽的师生关系，多彩的大学生活……这一切成了钱伟长一生中的重要财富。

弃文从理

虽然三年的高中生活顺利地度过了，但是眼前的困难依然存在。从苏州高中毕业后，钱伟长面临着人生中的重要抉择：到底是升学呢还是就业养家？人生中最纠结的事情莫过于抉择，这个问题困扰了钱伟长相当长一段时间。正当钱伟长一筹莫展的时候，他听到了一个好消息，上海天厨味精厂的创办人吴蕴初先生决定在全国范围内设置清寒奖学金，并通过公开考试的方式择优录取家境贫寒的高中毕业生，资助他们上大学。钱伟长有幸通过了这次选拔考试，得到被资助的机会。

1931 年，钱伟长开始参加上海、北京、杭州、厦门、唐山等地大学的入学考试。原本参加多个学校的考试只是为了增加被录取的机会，但是没想到，每个学校都愿意录取他。同时，在考试中，钱伟长发现，自己的理科还是存在着不足，只是优秀的文科成绩成功地弥补了理科的不足，使他达到了分数线，顺利闯过了进入大学的第一关。那时，四叔钱穆已经是北京大学的教授，在他的建议下，钱伟长最终选择了清华大学文学院。

清华大学文学院包括文学系和历史系。从钱伟长的入学考试成绩看,这两类课程都是钱伟长的强项。入学考试卷上有一题是让回答二十四史的作者、卷数和注疏者,这道题让很多人望而却步,而对经历过早年的家庭教育、对文学和历史有着浓厚兴趣的钱伟长来说,简直是易如反掌。当时很多参加考试的同学都一筹莫展,唯独他很快就写出了一份完美的答案。钱伟长的答卷深得陈寅恪先生的赞赏,陈寅恪表示欢迎他去历史系学习。另外,早在小时候就打下的作文基础此时也使钱伟长打动了中文系杨树达教授,杨树达称赞他是中文写作的人才,并极力推荐他到中文系学习。然而一件突如其来的事情,将这一切打破,并从此改写了钱伟长的人生历程。

1931 年 9 月 18 日,日本帝国主义一夜之间占领了东北三省。日本人的这一举动使全国青年学生义愤填膺,学生组织了罢课游行,积极要求抗日。钱伟长也被这种强烈的爱国情绪深深感染,在去报到的路上,他反复思考着:中华民族有着悠久的历史和灿烂的文化,我们的人民吃苦耐劳、任劳任怨,为什么帝国主义敢于如此野蛮地欺辱我们?他认为,这一切归根结底是因为我们的科学技术不够发达,如果我们也掌握了先进的科学技术，这些人还敢到我们的土地上撒野吗？记得梁启超在《少年中国说》里曾经写道："故今日之责任，不在他人，而全在我少年。少年智则国智，少年富则国富，少年强则国强，少年独立则国独立，少年自由则国自由，少年进步则国进步，少年胜于欧洲则国胜于欧洲，少年雄于地球则国雄于地球。"

等到钱伟长踏入清华大学的校门之际，他决定弃文从理，通过学习科学技术做出自己对国家、对民族的贡献，并向物理系提出了申请。但是他的这一举措并没有得到大家的认可，因为从钱伟长的入学考试成绩可以看到，他的文科明显好过理科，而且理科的成绩相对太差了。时任物理系主任的吴有训教授告诉他，其实学习文科同样可以拯救国家、拯救民族，为人民做贡献；另外，不管学习哪科，还应注重考虑自身的基础和特长，只有这样才能将个人的能力发挥得更好。吴先生的话让钱伟长很是感动，但是倔强的他还是坚持着自己的选择。当时顾颉刚也在北京大学任教，听说钱伟长的事情后，他对钱穆和吴有训说："我们国家站不起来受人欺侮，就因为科学落后。青年人有志于科学，我们应该大力支持。"他还说："青年有选择志向的权利，他愿意为国家民族学科学，尽管困难，但他愿意学，坚持要学，他就能克服困难。

他清楚自己的条件,比别人学得晚,是很吃亏的,但他有坚定的志向,我们对年轻人的志向能引导,不能堵。”①这一番话终于说服了钱穆和吴有训,促成了钱伟长科学救国的愿望。

吴有训先生做了让步,但是同时提出了一个条件。他说,让钱伟长试读一年,如果数、理、化三门课中有一门课的考试成绩低于 70 分,那么钱伟长就必须无条件地转回文学院。这个条件对钱伟长来说无疑是个极大的挑战。但是,明知山有虎,偏向虎山行,钱伟长答应了这一条件。进入物理系的头一年,钱伟长再次拿出了当年在苏州高中时的学习劲头,刻苦努力,夜以继日。梅花香自苦寒来,付出和回报总是对等的,经过一年艰苦卓绝的努力,钱伟长终于顺利地达到了吴先生所提的要求,并升入了二年级。

或许有的人会认为,钱伟长天生聪慧,所以在什么时候学习对他来说都不是难事儿。其实,这种想法是不对的。我们通过钱伟长的一次报告就可以知道,在表面顺利达标的背后其实饱含着他大量的努力。1984 年 3 月,钱伟长在无锡大学作报告时,专门讲到了自己学习英语的故事。他说:“我原来读私塾,就是四书五经。我的英文很差,进入新的学校(指苏州高中),我还是学文史,因为我家里头是搞文史的。

① 曾文彪. 钱伟长与上海大学. 上海:上海大学出版社,2010:29 - 30.

到了大学里，科学救国，我念物理。那时候根本没有中文的物理教科书，干脆就用英文教，这可要命。数学、化学也是英文教科书，大一物理系三本英文教科书。我的英文连 ABC 才刚刚学会，你说怎么办？我是一年里头赶上去的。我一年里就是拿了这个教科书查字典，从第一个字查起，查了以后背，一天背二三十个生字，就是那么干。搞了一年给我学会了。我能看书，看不懂，又是什么也不干，我就是查字典，查坏了好几本。查了第一个字叫 charp，第一章的章，我就不认识它，就查了，以后是引论也查了，查了我就背。背是 ABC 那么拼法背，发音也不准，没关系，问题不大，我又不跟外国人去讲话，发音不准又有什么关系，为什么非得是伦敦口音？我只要看懂就行。一年以后也及格了，居然也能用英语答卷。当然，文法错误很多，老师很原谅我，我不光看课堂上教的，只要我得到的同类的书我都看。到毕业的时候，我就可以写论文了。后来考了公费出国了，这个糟糕了。那时候没飞机，只好坐船。坐船那是个难题，这个船上吃饭都是用英语的，这可难了。那张菜单非常难念，上面有二十几个菜，每个菜都不懂是什么意思，真不懂。那怎么办呢？我考虑，我要在这里二十多天，我一天吃三个菜，我从上往下吃，我也不说什么菜。结果，第一天我要了三个汤，前头五个是汤，我不懂,没有办法,因为我没学过‘Follow Me’。后来,人家说,我们帮你叫吧,你要叫菜了。就这么狼狈。到了学校,我说我要学英文,不能再这样,否则无法学习。我不能在学校学,我的志愿是在家里学。我就找了所房子,那个房东老太太的话我是一句也听不懂,我说的是中国英文,生活是非常困难。可是我一天去找老师,我就给他讲专业,完全相通的。当然我发音不准,文法有错误,关系不大,老师全听得懂。我们两个人讨论,整整讨论了一天。我就告诉他,我为什么学这个,我自己有了题目,想这样做,对不对,他也讲了,他也在做这个题目,那么很好,就讨论开了。一天讨论下来,说行了,我们现在做的工作已经足够了,发表了一篇论文,我和他联合写了三篇文章,一下就发表了。我写他改,他给我改文法,我的文法错误很多。我的博士论文第一个月完成了,立刻就发表。跟老师一点困难也没有,就是生活、语言,我是困难的。那怎么办呢?我就听广播,那时没有电视,只有收音机。我就听这个,看报纸,不到一个月,我的生活都行了。”①从钱伟长的这些话中,我们可以看出,人天生的智慧是有限的,但是人的潜力却是无限的,我们要想挖掘出自身的潜力,就只有不断地努力和奋斗。一分耕耘一分收获,只要我们认真努

---

① 曾文彪.校长钱伟长.上海:上海大学出版社,2012:233-234.

力,我们总会有收获的。在钱伟长的记忆中,还有一个人给他留下了深刻的印象,那就是华罗庚。记得在清华园时,为了能早日把功课补上,钱伟长每天5点钟就起来早读,然而,每次他到河边开始早读时,华罗庚早已早读完了。这件事情对他的启发非常大,他就这样和华罗庚熟悉起来了。

学习内容存在差异,但是学习方法总是存在相通性。后来,在工作期间,钱伟长又遇到了人生的另一个挑战——俄语。他说:“1952年以后,院系(指清华大学)调整,来了个苏联专家,说下半年全部要用苏联的教材,教学大纲全部用苏联的。可是,我们这个学校里有几个人懂得俄文?怎么办呢?那时,俄国专家认为,俄文是最美丽的文字,长期代表了俄国的文化,因此,要相当长时间才能学会。我说不行,我花一个月学会行不行?全部老师(外语教研组的俄文教师)都拒绝。我说,你不教也行,我来干。我就找了一个助教,这个助教在一个教会学校学宗教的,他认识一个神父,在神父那里学了几句俄文,能说一点。我说现在你来帮我忙,你要编一本教材,让我一个月学会。他说无法编,我就教他编。很简单,就是教四种文法,其他都不教,就是我们科学里常用的文法:正面的叙述,复杂句要会,条件句要会,科学里这么讲,感叹句一概不要,我们科学里从来没有感叹句。描写性的文字一概不要,什么伟大的全不要。一个学科一个学科搞,数学,我就把微积分里的许多数学名词都找出来,都给我用俄文写上,只要背一千个单词,一个月里背一千个数学术语。大学普通物理用的单词一千个,要背,一开始你就背它五千个字,其他的都不用教。当然字母先得要会念。俄文的尾巴变化太复杂,你就捡最简单的教,剩下的一概不教,以后再说,尾巴让它去乱换,不要紧。这样一个月教完了,下面翻译,学数学就翻译微积分,好多老师一起翻译,两个月全翻出来。因为微积分大家都懂得的呀!通过这两个月的翻译,大家巩固了俄文,全校就是那么学来的。全部是苏联教材,都是临时翻译出来的,没有错,一直到现在证明我们翻译的教材没有错。因此,外文可以这样学。我也是在那个时候突击的。我这个经验是值得向大家介绍的,希望大家能很好地思考这个问题,来确定自己的斗争目标。只要你有这个斗争目标,千千万万的人都有各种各样的斗争目标,加在一起就是我们四化建设最基本的动力,要不然我们的四化建设就没有能动的、向上的东西。”①

① 曾文彪.校长钱伟长.上海:上海大学出版社,2012:234-235.

师恩难忘

四年的大学生活给钱伟长留下了深刻的、美好的印象，尤其是当时的几位教授让他刻骨铭心。除了吴有训先生外，叶企孙先生、萨本栋先生、赵忠尧先生、周培源先生和任之恭先生等知名教授也在物理系授课。他们的教学方法独特，讲课非常生动，而且他们还有个共同点，那就是刻苦努力，一心扑在实验室里专心从事自己的实验研究工作，经常工作到深夜。真正是“躲进小楼成一统，管他冬夏与春秋”。在几位先生的带动下，系里的学术气氛非常浓厚，师生打成一片，学术讨论更是随时随地进行，有时为了一个学术问题他们竟然从课堂上争论到课堂外。每位先生的课都讲得异常精彩，他们中有不少人从不照本宣科，而是按照一定的顺序进行讲解，或逻辑顺序，或历史发展，但不管什么形式，总是能够启发学生思考问题，争论问题，在争论的过程中，科学的精华也随之深入学生的思想之中了。

吴有训先生教他们普通物理课，他上课有个特点，从来不带讲稿，也不照本宣科，而是从每一个概念的历史发展开始讲起。看到钱伟长上课时只顾着埋头猛记笔记,恨不得一字不漏,但是每次的课堂测验都不及格,吴先生告诉他,这种方法是不行的,上课的时候,重要的是听懂,而不是把文字记下。学物理重要的是通,一通才能百通。记录这样的工作,完全可以放在课后,只需用自己的话把最关键的内容记下就行了。后来,吴先生还给了一些物理讲义,让钱伟长自学。这种方法果然有效,第一学期的期末考试,钱伟长的物理就及格了;到了第二学期,他的数学、物理等科目的考试成绩居然都有 80 多分,符合当年吴先生提出的要求。后来,他的物理成绩一跃成为了班上的第一名。这跟当年数学、物理和化学加起来一共考了 25 分,简直是天壤之别啊!

系里为了让大家能接触到世界物理发展的前沿理论,开阔视野,同时也是为了和其他国家的学者进行更好的交流,经常邀请欧美的著名学者来进行短期讲学和学术访问,如欧洲著名的物理学者波尔(N. H. D. Bohr)、笛拉克(P. A. M. Dirac)、朗之万(Paul Langevin)等。在这样的学习氛围下,学校培养出了中国自己的新一代物理学者,如王竹溪、彭桓武、张宗燧、钱三强等。

钱伟长回忆说:“记得在物理系上学时,当时设置的课程量并不大,但是门门都是精选出来的重点课程,如大学普通物理、理论力学、热力学、电磁学、光学和声学、电动力学、量子力学、统计力学、近代物理、原子物理、相对论、无线电学等12门课程。每学期要上的课也只有一两门的样子，每课老师讲得也不多，但是要求自己完成的学习材料却是非常之多，比如赵忠尧先生的电磁学。虽然我们一学期只上不到五十学时的课，但是要把一本书学完，除此之外，我们还要自学完成两本相关教材。虽然上学时，大家都觉得这种教法对我们来说有些'苛刻'，但是日后我们踏上工作岗位，开始独立科研工作时却发现它对培养我们独自思考、独自研究的能力是多么的重要啊！”

系里老师不但注重学生物理相关课程的学习，而且注重培养学生融会贯通、吸收各家所长的理念。“很多老师认为物理和其他课程存在一定的相通性，因此，在学习物理相关课程的同时，先生们还指导我们去选修其他系的课程。如叶企孙先生和吴有训先生鼓励我们去选修机械系和电机系的主干课，叶先生还动员我们选修机械系和电机系的中级技术理论课程。这对我们扩大视野，尤其是建立学科之间的联系起到了非常重要的作用。记得，有一次欧洲著名的空气动力学专家冯·卡门(T. VonKarman)来清华大学航空系讲学时，我们物理系的不少同学都去听讲。”钱伟长在吴有训教授的指导下，到数学系选修了高等分析、近世代数、复变函数、微分几何，到化学系选修了定量分析、定性分析、物理化学和有机化学等。虽然大学只有四年的学习时间，但是钱伟长他们在理科的学习中收获的远远不止一个专业。更为重要的是，这种融会贯通、吸取众家所长的学习理念是研究工作者一生的财富，为他们日后进行科学研究工作打下了坚实的基础。

在大学的学习中，钱伟长还有一个重大的收获，那就是体育才能的显现。由于幼年时期家境贫寒，在入大学的时候，钱伟长个子还不足1.50米，成为了清华大学历史上少见的“小个子”。一年级的一次偶然的机会，钱伟长的体能让大家眼前一亮。他记得那次，年级举行越野比赛，因为参赛人数不足，钱伟长被拉上去凑数。这是他第一次在体育赛场上亮相，加上缺乏平时的训练，这次的比赛让钱伟长痛苦万分。但是，顽强的意志力激励着他一定要完成这次任务，不管速度如何，总归要完成整个赛程。就这样，钱伟长强忍着，拼命地坚持着，最终完成了比赛，居然还得了个中间名次。然而就是钱伟长这股子拼劲儿打动了马约翰教授。马先生没想到这个身材矮小，又瘦弱得如同一棵小豆芽菜的男孩儿，居然有着如此顽强拼搏的毅力，而这不正是越野比赛所看重的吗？他决定将钱伟长编入大学的越野队里。

钱伟长进入越野队后，开始了他人生中的重要阶段，每天下午四点半他就准时开始锻炼，每次一个半小时，风雨无阻。万事开头难，但是一旦开了头，就会打开一个全新的局面。后来，钱伟长又被选进了田径队、足球队，甚至还代表清华大学参加全国的运动会。经过这几年的锻炼，除了掌握了一些体育技能外，更让钱伟长欣喜的是，他的个头居然也长了将近15厘米，身高达到了1.65米！这是多么大的惊喜啊！他的祖母和母亲对此非常高兴。

在奥林匹克运动的故乡——希腊山——的岩石上刻着这样的文字：你想变得健康吗？那就跑步吧！你想变得聪明吗？那就跑步吧！你想变得美丽吗？那就跑步吧！清华大学的体育锻炼经历为钱伟长积累了人生中的另一笔财富。直到40岁左右，钱伟长依然坚持着体育锻炼的习惯，在60岁时还参加万米赛跑。体育运动提高了他的体能素质，同时，在体育竞技过程中激发出来的耐力、意志力更是面对人生困苦时的一剂良药，它能在人生的低谷期给予他战胜困难的勇气，在人生的迷茫期为他拨开迷雾，使他看到光明，在人生的巅峰期为他把握住正确的方向。

异国求学路

1937年，钱伟长在天津短暂工作一年后，和汪德熙等三人一起辗转香港等地到达昆明的西南联大。当时，叶企孙教授正好被调去重庆任职。钱伟长代替叶先生给西南联大的学生讲授热力学。在清华大学时，钱伟长他们的热力学就是叶先生讲授的，因此接受任务时，钱伟长觉得这个任务并不算难。但是，拿到叶先生的讲稿时，他愣住了。他发现，基本原理这些相对固定的东西没有变，但是叶先生的讲稿在实际问题的应用上全部更新了，现在用的都是最近几年科技杂志上提出的新问题。这份新讲稿让钱伟长陷入了深深的沉思之中。他体会到了作为老师的责任心和不易。当过老师的都知道，有的人是一本讲稿“走天下”，教书几十年讲稿不变，人家的教书生涯也混下来了；但是，有的人则会考虑到时代的变化，注意更新内容，加入新观念，从而让课堂更加具有时代感，学生学到的知识自然也就有了针对性。当然，两者相比，在前面一种情况下，老师要轻松得多，而后面一种老师则要辛苦得多了，对老师自身的要求也会高多了。经过一番比较后,钱伟长认为,叶先生的这种做法堪称醍醐灌顶,是教学的典范。作为老师,无论讲授怎样的课程都要注重跟上时代和科学的发展步伐,时时注意关注科学研究的最新理论,并把它们拉进课堂,介绍给学生,这样学生才能学到真正的新知识,课堂才能真正具有活力,我们的整体教育水平才能真正地提升。在这种思想的影响下,钱伟长在自己的教书生涯中也秉承了叶先生的这一精神,年年更新自己的教学例子。后来,钱伟长接触了国际上著名的专家,如辛祺(J. L. Synge)、英菲尔德(L. Infeld)等教授,发现他们也有着同样的教学理念,这更让他坚定了做一名好老师的信念。

1939 年 8 月 1 日,钱伟长迎来了人生中的一个重要日子。在这一天,他和清华大学中文系的同学孔祥瑛结婚了。钱伟长和孔祥瑛两人在 1935 年的"一二·九"运动中结识,七七事变后他们分离了一年半,巧合的是,在西南联大他们再次相遇,并有幸请来吴有训教授做主婚人。由于当时条件有限,他们只能举行一个非常简单的婚礼,但是,风风雨雨几十年,他们的感情依然真挚无比。新婚三个星期后,钱伟长不得不与孔祥瑛分别,踏上了去英国的征途。可惜,这一次的征途很不顺利。

1939 年 9 月 3 日,钱伟长、林家翘和郭永怀按照通知上的时间，赶到香港准备赴英。这次机会让钱伟长特别激动。他和同行的很多同学都有着相同的信念，那就是，一定要把国外最好的东西学到，然后回来建设我们的祖国，让她早日富强起来。但是，这次留学的过程并不顺利，可谓一波三折。他们一行 21 人提前一天到达香港后，第二次世界大战爆发了。所有去英国的客轮全部被征作军用。他们只好从香港返回昆明。一回到昆明，钱伟长即刻投入物理研究中，并对国际上弹性板壳理论的混乱的研究现象，有了自己独特的见解。

同年 12 月底，他们又接到新的去留学的通知。这次改为从上海集合，出发到加拿大留学。可是，他们上船之后发现，他们的护照上居然还有日本的签证。这时，中英庚款的负责人（英国人）还“好心地”提醒他们说，允许他们在横滨靠岸，并且上岸游览、参观三天。一想到我们的国土还被日本帝国主义侵略军占领、践踏，我们的人民还在受着日本帝国主义侵略军的残害，他们怎能接受敌国的签证？留学生们宁可站着死，也绝不跪着生，更别提接受来自敌国的屈辱了。他们一行 21 人果断地把护照扔进了黄浦江，然后携带行李下船，拒绝出发。英国的代表气得跳脚大骂，逼迫留学生接受这一签证，登船出发，但是勇敢、爱国的中国留学生们还是坚持自己的意见,一定要维护住自己的民族尊严。后来,那个英国人承认了自己的错误。但是,他说:“其实我还是不能理解你们中国人的爱国心,你们先回去吧。”这样,第二次留学机会再次放弃了。

1940 年 8 月初,钱伟长他们第三次接到通知,告诉他们在上海集合,再度乘船去加拿大。这一次的航行非常顺利,28 天后他们到达了大洋彼岸。9 月 14 日,他们抵达温哥华,再乘火车到达多伦多。

来不及休整,大家立刻投入研究工作中。钱伟长由辛祺教授亲自教授。师生二人见面后,他们惊喜地发现,两人都在研究弹性板壳的统一内禀理论。他们迅速达成一致意见,决定尽快就两人共同研究的课题,写成一篇论文,并准备投到为冯·卡门教授 60 岁祝寿的论文集。第二年夏天,钱伟长惊喜地发现,刊出的 24 篇论文的作者,有爱因斯坦(A. Einstein)、冯诺埃门(VonNeumann)、铁木辛柯(S. Timoshenko)、科朗(R. Courant)等世界知名的科学家,而钱伟长是唯一一名青年学生,而且还是中国的青年学生。这篇论文在后来的几十年内,一直深受国际和国内的重视。经过这次研究,钱伟长的信心得到了极大的提高,他开始敢于冲击一些疑难问题。经过一年的努力,他又缩短了和导师研究方向之间的差距，有了新的见解和收获。

1942年年底，他又转到美国的加州理工大学，进入冯·卡门教授主持的喷射推进研究所工作，任研究工程师。从1943年到1946年，他主要从事了火箭的相关研制工作。这一工作对我国火箭事业的发展来说非常重要，也是我们国家开始自主研发火箭的重要起步。记得钱伟长在清华大学入学的时候，决定弃文从理，就是为了更好地报效祖国，报效人民。他现在距离自己当初的愿望和理想越来越近了。也正是在这段时间里，钱伟长的研究工作进展顺利，收获甚多。

当时，在加州理工大学开展研究工作的中国人有周培源、钱学森、林家翘、郭永怀、傅承义等人，同是背井离乡，更加珍惜一起相处的时间和机会，从世界大事、国家的近况到学术、音乐等，他们无所不谈。对祖国的怀念、对家人的怀念，永远是大家不敢碰却又不得不碰的话题，当然，也是大家永远说不尽的话题。亲不亲，家乡人；甜不甜，家乡水。大家都是为了我们的祖国更加繁荣昌盛才背井离乡来到异国他乡学习先进技术的，因此，不管如何思念家乡，如何思念亲人，他们都依然牢记来此地的目的，所以，在一起的时候，他们常常谈论着各自在研究工作中遇到的困难。同学之间未必研究同一个题目，但课题之间常常会有相通性，因此，他们会竭尽全力地互相帮助,共同面对困难,解决困难。

在师从冯·卡门学习的过程中,钱伟长发现一个有意思的现象。冯·卡门教授本身有着深厚的数学功底,也有着非常扎实的物理知识,但是他个人始终认为,对物理过程的本质问题的认识是主要的,而数学只是求解实际问题的工具。辛祺教授关于这方面的理解和冯·卡门教授存在相似性。辛祺教授做了一个生动的比喻说:“你们应该有捏着鼻子跳进海洋的勇气,但更应该懂得避免淹入海底,懂得在完成任务后爬上岸来,寻找新的物质运动的主题。数学本身很美,不要因它迷了路,应用数学的任务是解决实际问题,不是去完善许多数学方法,我们是以解决实际问题为己任的,从这一观点上讲,我们应该是解决实际问题的优秀‘屠夫’,而不是制刀的‘刀匠’,更不是一辈子欣赏自己制造的刀多么锋利而不去解决实际问题的刀匠。”①1940 年冬天,钱伟长第二次见到导师辛祺教授,他详细向老师汇报了自己最近的研究成果。他充分利用了数学和物理两门学科之间的相通性,非常简化地解决了一个实际问题。当时,辛祺教授听他讲解的时候,还只听了一半就高兴地跳起来说:“你的博士论文的主

① 钱伟长. 钱伟长学术论著自选集. 北京:首都师范大学出版社,1994:589 – 590.

要内容已经完成，不必介绍了，去详细完成具体计算任务吧，你已经是一个合格的应用数学家，你已经懂得重视物理观念的深化认识，同时也懂得用现代的数学工具简洁地描绘物理观念的认识。”[①]钱伟长就这样打开了在美国学习的新大门，同时也奠定了自己在国际上的地位。辛祺教授常常赞叹，钱伟长的能力真是太强了，不仅他的智慧超越一般人，而且他的思维能力更是超常的。而钱伟长此时也更感激清华大学的那些恩师们，正是他们教会了钱伟长在科学的海洋中如何徜徉，也正是他们教会了钱伟长一个人应该学会打通不同学科之间的壁垒，学会将不同学科的知识进行贯通，只有这样才能更好地将知识应用于实际生活和从事研究。

① 钱伟长. 钱伟长学术论著自选集. 北京：首都师范大学出版社，1994：590.

崭露头角

钱伟长希望通过科学研究让我们的民族从此走向强大，希望通过科学研究让我们的人民从此摆脱贫困，再也没有饥饿和寒冷，希望通过科学研究让世界走向和平，从此再也没有战争。然而，现实总是残酷的，第二次世界大战的战火依然燃烧着，法西斯的嚣张气焰还是没有被浇灭，人们还在经受着战乱的痛苦。战争的消息不断传来：1939 年 9 月 1 日，德军进攻波兰；9 月 3 日，英国和法国宣布对德作战。德国法西斯加强了对东欧和南欧各国的侵略和压迫……两年后，德国又撕毁了《苏德互不侵犯条约》，并向苏联发起进攻，大规模的苏德战争爆发了。接着，在 1941 年 12 月 7 日，日本偷袭了珍珠港，英美开始对日宣战，太平洋战争爆发了。

一系列大规模战争的爆发，法西斯的种种暴行，激起钱伟长和其他留学生们的愤慨，他们振臂高呼，要为世界的和平做出自己的贡献。于是，这些热血青年们怀着一腔热血从加拿大来到美国，拜师于冯·卡门教授。钱伟长选择的专业方向是火箭的空气动力学的计算设计、火箭弹道计算研究、地球人造卫星的轨道计算研究等,他还参加了火箭现场的发射试验工作。这些学习对他日后工作的开展非常重要。

冯·卡门教授是美籍匈牙利人,也是世界上著名的空气动力学专家。他的小学、中学和大学时代都是在匈牙利度过的。大学毕业后,先到德国的哥根廷大学从事空气动力学研究,后来又在德国的亚琛大学从事过一段时间的教学工作。那时,冯·卡门教授在空气动力学方面的研究已经取得了非常好的成绩,引起了很多人的注意。本来,他可以继续在德国进行他的教学和研究工作,不幸的是,希特勒夺取政权后,开始迫害犹太人,尤其是犹太科学家。这是人类历史上惊心动魄的一段,也是人类历史上最不堪回首的一幕。冯·卡门教授就是在这样的情况下,被迫离开德国,到美国避难,成了美国加州理工大学的一名研究者。20 世纪 30 年代,美国加州理工大学建起了哥根海姆实验室,成立了喷射推进研究所,冯·卡门有幸担当了所长这一职务,从此他的研究天地变得更加宽阔了,他的研究能力和研究硕果也更为世人所熟知。

钱伟长和冯·卡门教授的相识可以追溯到他在清华大学上学的时候。那时,物理系的老师们要求他们那些学生,做学问要拓宽视野,要多接触、学习相关的知识。所以,冯·

卡门应清华大学航空系的邀请前来讲学时，很多物理系的学生跻身其中听讲。那时，钱伟长就对冯·卡门教授心怀仰慕了。没想到，时间过去了五年之后，钱伟长和冯·卡门教授竟然又成就了一段师生缘，跟着冯·卡门教授攻读博士后，这不能不说是人生的奇妙之处啊！冯·卡门教授的名下还有其他三位中国留学生，他们是钱学森、林家翘和傅承义。

说到这些留学生和他们的导师，还不得不提一提当时的美国。20世纪40年代，全世界爆发了第二次世界大战，很多国家都被卷入战争，而美国本土却远离战场。这种独特的条件为美国的发展提供了重要的机会，无论是社会生产还是人们的生活，无论是经济建设还是科学研究，美国受到的战争的影响都是很小的。因此，美国利用这一机会，在全世界范围内吸纳优秀的科学研究人才，培养了大量的优秀的科学家，更重要的是，推动了美国本土的科学技术的发展和进步。

随着战争的深入，美国政府组建了航空喷射机械公司，由冯·卡门教授任主席，钱学森、钱伟长等成为这个公司的重要成员。他们开始正式从事军用火箭的研究。

1942年，德军正在研制导弹的消息让很多人大吃一惊，大家还听说，德国人研制的这种导弹射程远，时速快，其技术堪称世界先进。第二年，这个情报得到确认，有位特工说，希特勒当时正在研制一种喷气飞行物，它就是导弹，同时希特勒还在试制火箭。这些消息让世界为之震惊，也更加恐慌。

在这种情况下，美国当局想到了冯·卡门教授和他的学生们。冯·卡门教授和他的学生们迅速投入这一课题的研究中。钱学森负责研制火箭导弹的发动机，钱伟长负责计算、设计火箭的空气动力学和计算火箭弹道等。六个月之后，他们的研究初见成效。

1943 年 2 月，苏军歼灭了被围的德军精锐部队，取得了斯大林格勒保卫战的胜利，此时美军、英军等把德军、意军驱逐出了北非战场。同年 9 月初，意大利投降。1944 年 6 月，美国在诺曼底的顺利登陆，又从背后给希特勒沉重的一击。第二次世界大战进入了新的阶段——世界反法西斯战争的决胜阶段。

德国法西斯在这种情况下，如同困兽，做着垂死挣扎，企图重新恢复政权。1944 年 6 月 17 日，希特勒下令用新研制出来的“V－1”导弹和“V－2”火箭轰炸英国的伦敦。这也是世界战争史上第一次出现导弹的身影。

英国首相丘吉尔向美国求援，美国政府又将此事委托给喷射推进研究所。钱伟长他们对德军的导弹进行细致分析后，计算出了德国火箭的最大射程。根据这一数据，他们建议英国可以采用伪装的办法，在伦敦的城市内制造被狂轰滥炸的假象，让德军误以为他们的导弹已经可以从欧洲西海岸到达英国的伦敦。如果德军再次采用导弹攻击方式的话，他们依然会按照上次的射程来进行，这样，英国伦敦反而会在一定程度上躲避掉大面积的、深层次的摧毁。英国军方采纳了这一建议。丘吉尔还不无佩服地感叹道："美国青年真厉害啊！"但是他不知道的是，其实"厉害"的不是美国青年，而是中国青年，是钱伟长和他的同学们。

与此同时，冯·卡门教授也接到了美国当局要求他们研制中远程导弹的任务。经过一番讨论，他们确定由钱学森负责理论研究，由钱伟长、林家翘负责协作，三人共同负责这项工作。众人拾柴火焰高，正是他们卓有成效的工作，使一批批导弹迅速被研制开发出来，并运到了欧洲战场，这些对法西斯的威慑力自不必言。钱学森、钱伟长他们也成了美国导弹事业的先驱者。

铮铮赤子心

1943 年冬天，清华大学周培源教授应邀到美国加州理工大学讲学，担任客座教授。他的研究课题也是与冯·卡门教授合作的，主要是探讨力学方面的理论。

周先生的到来让很多留学生有了“家”的感觉。大家经常在这里聚会、谈心、聚餐等，其乐融融。有时，他们还会露一手，做做自己的家乡菜，请大家品尝。吃着家乡菜，谈着家乡事，大家感到自己的心还是和祖国紧紧地联系在一起的。周先生看到这些情景，感慨万分，同时又深感欣慰，他知道这些孩子不管走到哪里，都会记得“根”在哪里，无论外面的世界有多大，外面的世界有多美好，他们最终都一定会回到母亲的怀抱。

但是，并非所有人的想法都是一致的。一次偶然的机会，周先生遇到一位中国留学生。他问那个学生：“你打算什么时候回国啊？”那位学生的回答是：“回国？为什么要回国？如果中国和美国一样强大的话，我就回去。”周先生按住心中的怒火说：“祖国的建设需要我们这些儿女的共同努力啊，如果我们都不去建设的话，祖国怎能强大？难道就这样坐视不管么？”那位学生的态度还是很冷漠，说出来的话也是字字砸在周先生的心上：“漂亮话谁都会说，问题是谁能改变中国的贫穷落后啊！”

周先生把这次经历讲给大家听的时候，大家都很愤慨，同样是中华儿女，同样是龙的传人，同样是喝着一江水长大的同胞，有人竟然是这样看待我们的祖国母亲的。周先生看到大家坚毅的眼神，听到大家的心声，倍感欣慰，他语重心长地说：“我们的国家在最近一百年确实是落后了，但是我们中华民族自古以来的脊梁没有变，我们中华民族悠久的历史和灿烂的文化依然在，只要我们中华儿女齐心协力，一心一意为祖国做贡献，相信在不久的将来我们头上那顶‘落后’的帽子一定会摘掉的。”

先生的一番话在他们的心中激起了涟漪，钱伟长回想到自己当年进入清华大学时的宏愿——救国！也正是因为这一伟大的理想，他才走上弃文从理的路，而眼下他要做的就是学习到更多的专业知识，获取更多的专业技能，以更好地回报祖国母亲。

正是因为有了伟大的志向和崇高的理想，钱伟长在知识的海洋里更加努力地拼搏着，他不仅成为了世界火箭、宇航工程的开拓者之一，还在力学方面颇有建树，完成了一系列重要课题的研究。他和冯·卡门教授合作的论文《变扭率的扭转》被誉为最经典的弹性力学之作。这篇论文赢得了世界各国学者的重视，至今仍是这个专业领域的重要代表作。

1945 年 8 月 15 日，世界上传来了好消息——中国人民经过艰苦卓绝的斗争，终于取得了抗日战争的伟大胜利。中国人民站起来了，中华民族走过了屈辱的历史，从此依然屹立于世界的东方。此时此刻，钱伟长的心中更是波澜起伏，从自己当年踏上留学的征程，背井离乡，至今已有十余载，祖国母亲刚刚经历过一场浩劫，正是需要中华儿女们进行建设的关键时刻，作为龙的传人怎能坐视不管？钱伟长暗下决心，准备选取适当的时机回国。他想：自己学到的知识如果不能为祖国母亲所用，那它还有价值吗？自己辛辛苦苦，漂洋过海学习先进的知识，不正是为了能为祖国做出更大的贡献吗？被称为“中国原子能之父”的赵忠尧先生是钱伟长在清华大学读书时的老师。抗战胜利后，他到美国进修，和别人一起凑了钱，买了原子能仪器，准备带回国。美国人百般阻挠，就是不让他回国。为了躲避美国人的追击，他绕道日本，被关押了一年的时间，后来终于回到了祖国的怀抱。这件事深深触动了钱伟长，让他感慨万千，老师的这一义举更坚定了他回国的信念。

其实，当时离开祖国在异国他乡从事科学研究的人很多。人们常说，科学不分国界，但是人是有祖国的。楚国的屈原有一个非常重要的思想，那就是，深固难徙。他通过对橘子的习性的分析，“橘生淮南则为橘，生于淮北则为枳”，说明人也应该有这种意识，要爱国，要有国家归属意识。这也是屈原一直备受后人敬仰的主要原因之一。这一思想对钱伟长一直有着至深的影响力，后来他在上海大学任校长时，常常对出国留学的年轻人说，能回国就赶快回去吧。他在回忆这段在美国的留学生活时说：“我并不是在那儿(指美国)没饭吃，我饭吃得很好，待遇也很高(注：钱伟长当时的年薪高达 10 万美金)，但我还是回来了。我觉得作为一个中国人我有责任回来致力于发展我们国家的科教事业。我早就认识到，一个国家的教育不发达，那是没希望的。我觉得中国人就有这个长处，中国古代的所有教育都有这一条，那就是要忠于民族忠于国家。”①

1945 年冬天，钱伟长向冯·卡门教授提出了回国的请求。但是由于钱伟长的研究方向是火箭和导弹等技术，所以美国有关方面不准他回国，冯·卡门教授也不同意他的这一想法。

① 曾文彪. 校长钱伟长. 上海：上海大学出版社，2012：187.

经过一番思考，钱伟长想出一个办法，他跟冯·卡门教授提出，自己离家太久，和家中的老人分别太久，老人对儿子的挂念是永远挥之不去的痛啊，作为儿子实在不忍心老人这样心痛；另外，儿子已经出生六年了，父子却至今还未见过面，恳请老师准许回家探亲一趟。冯·卡门沉思良久，还是答应了钱伟长的请求，但是他反复叮嘱钱伟长一定要速去速回。

为了解除一些人对他的戒备心，钱伟长回国时没有带任何的书籍和资料，只带了几件随身衣服，当月的工资也没领。走之前，细心的他还向房主缴纳了半年的房租。这样，在1946年5月，钱伟长才顺利地踏上了回国的货轮。经过海上20多天的颠簸，抵达上海。

接着，钱伟长迫不及待地从上海赶到了无锡荡口镇——这个生他、养育他的小村庄。一到村口钱伟长就看到一个看似熟悉但又不敢相认的身影，那是他的母亲。她每天在村口张望，静静地等待着远方的游子。虽然母亲并不知道何日是游子的归期，但是母亲和儿子心心相通，那种剪不断的亲情告诉她，儿子一定会回来看望她的，他们一定会团圆的。

钱伟长紧紧抓住母亲的手，那是怎样的一双手啊，上面布满了岁月的痕迹；白发苍苍的母亲，步履蹒跚，看到与自己久别的儿子根本不敢相信自己的眼睛。他们相拥而泣，惊喜、伤心、难过、意外……如同打翻了五味瓶，此时此刻的心情根本无法用语言来表达。

平静下来之后，母亲拉着钱伟长的手，给他讲这些年家里发生的变化。最让钱伟长伤心的是，他尊敬的祖母已经离世四年了。对钱伟长来说，祖母是长辈，祖母给他讲故事，给他讲人生的哲理，在他幼小的心灵里，祖母已经为他埋下了一颗善良、关爱的种子；祖母也是钱伟长的良师，与他在同一张桌子上读书，祖母教授他知识的场景至今还清晰地印在他的脑海中。钱伟长在祖母的坟前久久不愿起身。

在家乡待了十几天，钱伟长和母亲尽情享受了人生中难得的天伦之乐。此时，他仿佛回到了小时候，回到了童年，看着笑容又回到母亲的脸上，钱伟长觉得自己的回国决定真是太正确了。母亲的欢笑，祖国的安宁，这不正是人们所追求的吗？

这时，钱伟长接到了清华大学聘他为机械系教授的通知，他不得不告别母亲，离开家乡。母亲的不舍，让儿子的步伐沉重起来；母亲的关爱，让儿子知道自己的身上永远系着母亲的心。忠孝两难全，为了早日为祖国做出自己的贡献，钱伟长还是毅然离开家乡，踏上了人生中的又一段重要的征途。

7 月初，经过一番辗转，钱伟长终于回到了他阔别多年的清华园。

3. 杂味中年

人生路漫漫。青年时期的他弃文从理,就是为了让我们的国家和民族强大起来。学成归来,钱伟长急切地想把自己的所学和所得回报给祖国母亲。人生是五味瓶,酸甜苦辣咸,样样俱全。但是,面对人生的苦难,我们应该更勇敢地前行。

清华园的艰辛生活

钱伟长回到清华园两个月后，孔祥瑛带着儿子从成都返回北京。儿子钱元凯此时已经六岁，但他还是第一次见到爸爸。父子俩一见面，各自心中的感觉都有些说不出道不明，儿子看着眼前站着的爸爸，想着：这就是妈妈每天给自己提到的那个人么？爸爸看着儿子，心中涌起万千滋味，想起几年的家人分别，想到这几年的生活，想到自己站在儿子面前的样子，千言万语一时不知从何说起。俗话说，血浓于水，在短暂的沉默后，两人很快地玩到了一起。爸爸把儿子放在肩膀上，骄傲地、激动地、欢乐地跑着，儿子快乐地享受着父爱。清华园响起了欢乐的笑声。

日本帝国主义对中华民族的侵略使得中华大地满目疮痍，清华园也未能幸免。此时已经很难看出清华园昔日的风采了，到处荒芜，到处是断壁残垣，垃圾堆成山，门窗破败，看着让人触目惊心，也更伤感。钱伟长他们顾不上悲伤，迅速投入重建清华园的巨大工程中去。房子倒了，抡起锤子、斧子修；门窗破了，拿起钉子、锤子钉；管道不通，拿起工具通；

课桌椅坏了，自己修；教学用具没了，自己做；墙塌了，自己垒。这些习惯于拿着笔杆子画图的书生们，此时成了抡起锤子、斧子的合格的修理工。劳动的过程是快乐的，收获的过程更是甜蜜的，看着昔日的家园一点一点在自己的面前呈现、恢复出来，大家的心里乐开了花。

1946 年 5 月 4 日，南开大学、北京大学和清华大学三校搬回原址。当年 10 月，清华大学修葺工作基本完成，正式复课。

当时国家正在建设，还存在很多困难，清华园也是如此。钱伟长当时是清华大学的一级教授，算是清华园为数不多的一级教授之一，但是他的工资只有 14 万元法币，这些钱在当时只够买两个热水瓶，而他要用这些钱养活一家三口。随之而来的是物价飞涨，东西的价格在一个时辰内都可能上涨几次，这些生活费就更显得捉襟见肘了。无奈之下，钱伟长利用课余时间到北京工业大学和燕京大学工学院兼职，讲授力学等课程，每周上 15 个课时，相当于每天的上课时间超过 3 个小时，而当时，在一般情况下，教授每周只上 6 个课时，他的教学工作量相当于一般人的两倍还多。但是他无怨无悔，他认为能把知识传授给更多的学生，这本身就是一种快乐。与此同时，他还担任了清华大学《工程学报》杂志的主编、

《中国物理学报》杂志和《新建设》杂志的编委。为了做好这些编辑工作，他经常要熬到深夜。在年轻的时候养成了熬夜的习惯，到这时依然还得熬夜，后来钱伟长非常习惯熬夜，以至于90多岁高龄的时候，这一习惯还依然保持着。

在这期间，他积极参与了北京大学力学系的建设，并在那里开创了我国大学里的第一个力学专业，开设了我国第一个力学研究班和第一个力学师资培养班。这个班里的大部分学生后来成了我国机械工业、土木建筑、航空航天和军工事业等方向的中坚力量，为我国的建设做出了重要的贡献。因此，钱伟长也被后人称为中国的“力学之父”和“应用数学之父”。1951年起，他还在全国范围内招收了力学专业的研究生，这是我国高校第一次招收力学研究生。

1947年冬天，这个三口之家迎来一个新生命的诞生，从此开始四口之家的生活——钱伟长的女儿开来出生了。受生活条件所限，孔祥瑛此时的奶水不足，女儿急需奶粉补充营养。为了凑齐这笔费用，钱伟长只好向同学张口借钱了。

此时，国民党更加紧了对民主进步力量的迫害，清华大学的教授们迫于无奈，只好再次离开家园。中共地下党组织安排钱伟长夫妇和张奚若教授留在学校。他们留校后，日子变得更加拮据。后来，国民党开出“优惠条件”，安排清华大学南迁。但是,通过收听延安广播,钱伟长他们知道这些只是国民党的阴谋,决定听从中共地下党组织的安排,坚守岗位,拒绝清华大学的南迁。最终,正义战胜了邪恶。1948 年 12 月,269 位教师全部留校,清华园恢复了正常的教学秩序。

1948 年,在我军取得了辽沈战役、淮海战役两次伟大的胜利之后,中国人民解放军东北野战军和华北军区部队发起了平津战役。12 月 23 日,清华园附近传来一阵阵枪声。地下党组织的同志找到钱伟长,希望他能坚持上课,因为只有这样才能维持学校的教学秩序,才能缓解老师和同学们的紧张情绪。钱伟长接受了这一任务,在校内的大教室里为学生们授课,讲授“射击的弹道动力学”。他的讲解生动、有针对性,同学们听得津津有味。尽管此时校园的上空依然不断响起枪声,但是钱伟长镇静自若的表情让每一个学生都感到特别心安。他们认真地聆听着,没有一个学生因为害怕逃离教室。都德在小说《最后一课》中描述了韩麦尔老师给学生们上最后一课时的情景,令人印象深刻。钱伟长的这一课也是这样,它让很多学生铭记在心。很多人在这堂课结束了很多年之后,依然能够清晰地回忆起当时的情形。

下课后,钱伟长与同事一起到了解放军进城工作组的驻地,在那里他见到了叶剑英,汇报了清华大学师生缺粮少柴的实际困难。叶剑英同志立刻给他们拨了一部分救济军粮，解了他们的燃眉之急。在工作组里，他见到了自己的族兄钱俊瑞。这也是他们的第一次见面，真是让人高兴啊！

等到他辞别族兄回到家中时，一进家门，就听到房间里传来婴儿啼哭的声音——小女儿出生了。这一阵阵嘹亮的啼哭声划破夜空，唤醒黎明，更是歌唱着我们伟大祖国的美好明天。钱伟长为这个婴儿取了一个名字——歌放。他说："北京就要解放了，我们的小女儿就是送给北平最好的礼物，她是在歌唱我们的北平解放呢！"

这个幸福美满的五口之家，此时对未来充满了希望，他们共同期待着美好的明天！

“我是一个爱国主义者”

1949年10月1日，中华人民共和国正式成立了。当毛泽东主席在天安门城楼上向全世界宣布这一消息时，举国上下，乃至全世界都沸腾了。中国人民从此摆脱了三座大山的压迫，开始民主、独立的生活。各行各业的人民开始投入生产建设，为把我们的祖国建设得更加强大、繁荣、富强而努力奋斗。

清华大学也在如火如荼地开展着教学和科研工作，国家稳定，人民的生活幸福，大家能创造出来的成绩也就比较好。此时，钱伟长担任清华大学副校长，兼任教务长。他对教学工作非常认真，尤其是在培养青年教师方面，他用心良苦。

他告诫青年教师，教学过程中首先要避免照本宣科，讲课要有针对性，要有启发意义，而要想做到这一点，自己一定要有足够的知识储备。俗话说，给人一碗水，自己要先有一桶水，只有自己将知识融会贯通了，才能够在讲给别人听时，做到深入浅出。讲课不是炫耀自己的才华的时候，而是教授给别人知识的时候，如果一个老师满嘴跑着专业术语，把自己伪装得很高深，其实他说的话别人一点儿都听不懂，那么，这样的老师不是好老师。其次，在教学中要注意授人以渔。教师除了教授知识外，更重要的是，教会学生如何学习。师父领进门，修行在个人，如果师父只给徒弟一条小鱼，却从未想过给他一根鱼竿，让他学着钓鱼，那么学生就很难学会举一反三，更不用说将知识融合起来。另外，老师在教学过程中，还要注意时刻更新内容，不能抱着一本教案混日子，几十年的教学内容一成不变。随着现代化建设的推进，人们接收信息的渠道越来越通畅，方法手段越来越多，老师就更应该多吸收新的知识点，并将它带到课堂上。

钱伟长对青年教师的成长同样非常关注，但从不因此而将自己的见解强加给他们。他鼓励青年教师要有自己的想法，尤其是在研究专业领域问题的过程中要勇于探索新的路子，要寻求适合自己的研究方法，形成自己的研究风格，敢于坚持自己的立场，而不是因循守旧，人云亦云。

东汉司马迁的《史记》中记载了一个名叫汲黯的人物。这个人为人处世非常认真，敢于坚持自己的意见，以至于汉武帝对他也心存几分敬畏。记得有一次，汉武帝在宫中批阅奏章，当时由于天热他没有带帽子，而此时却听到太监传话道：汲黯要觐见。汉武帝一时来不及戴帽子，又无处躲藏，情急之下竟然躲到了帷帐之后，这种情形在其他臣子觐见时汉武帝从来没有过。因为他知道，汲黯这个人非常敢于坚守人伦道德，如果被他看到自己衣冠不整地坐在朝堂之上评阅奏章，一定会被他批评的。从汲黯这个人身上，我们可以看到一个人如果敢于坚持正确的想法，那么自然就会产生一种威慑力。这也可以说是人格力量的一种表现。

除了知识的讲授外，钱伟长认为对学生还应该注重思想教育。他说，我们经常提到"教书育人"，这里包含的是两个方面，教书是一个重要因素，育人也是一个重要因素，两者都不可偏废，更不可只取其一。相比较而言，育人是更重要的因素，也是决定一个人思想品质的重要因素。知识的学习可以推迟，但是育人的工作却迫在眉睫。有的人拥有丰富的知识，却没有爱国的思想，没有爱人民的意识，也没有爱社会的意识，自私自利，这样的人同样是不健全的。人们常说，十年树木，百年树人。可见，培养一个人的品质非常重要，同时又是非常长远的事情。近代的思想家、教育家蔡元培提出，完整的教育应该包括五个方面，一是体育，这是锻炼我们的筋骨，用以自卫的重要手段；二是智育，它更像是人的肠胃，供应整个身体的营养必需品；三是意志教育，它是呼吸循环机，周贯全身；四是情感教育，这是我们身体的神经系统，用以传导；五是世界观教育，这是一种心理作用，决定我们的心理健康。通过蔡元培的分析，我们可以看到，在人的成长过程中，教育从来都不是单单指代智育这一个方面，而是注重对精神、意志、品质的培养。钱伟长、钱学森等人为了回到祖国的怀抱，建设自己的国家，费尽周折，有些人却贪图享乐，自私自利，弃祖国于不顾，这是多么鲜明的对比啊！因此，钱伟长在培育学生的过程中更加注重践行清华大学的教学理念，那就是，培养具有为国家社会服务之健全品格的人才。

从钱伟长身上我们也看到了那一代优秀的爱国知识分子的崇高精神内涵，以及他们爱国、正直、勤奋、努力的优良品德。作为一代教育家和科学家的典范，钱伟长的身上闪耀着美好的人性光辉。

爱国，是钱伟长一生中最高的追求，无论何时，他都不忘教育年轻的一代一定要具有这种良好的品质。祁淑英的《钱伟长传》中记载了钱伟长在2005年回乡拜祖时回答乡亲们的一段话："我活着不是(为了)自己，而是为了我们的祖国，为了我们的同胞。"①质朴的语言正是钱伟长一生的写照。

一次，钱伟长的母校苏州高中的学生给钱伟长写信说，他们正在开展向院士学习的活动，所以他们把自己的班命名

---

① 祁淑英. 钱伟长传. 太原：山西人民出版社，2010：自序.

为“钱伟长班”,希望钱伟长能给他们写一些寄语。钱伟长看到这封信非常高兴,在他的心里没有比学生的事更重要的了。他亲自给学生们回了信。在信中,他说,希望同学们在学习院士的活动中,不仅学到如何学习,更重要的是,要学习到院士的精神,学到忧国忧民、祖国至上的品质,自强不息、安贫乐道的气节,探索真理、勇攀高峰的锐气。

人的一生中难免会有不如意的事情,但是无论在怎样的困境下,钱伟长的爱国情怀从未改变过。1946 年,钱伟长刚从美国回到清华园,他的工资只有 14 万法币,以当时的消费水平来说,他这些钱只够买两个热水瓶。1948 年,钱学森从美国回来,看到他的这一困境后,力荐他再回美国工作,美国的特区研究所还是非常希望钱伟长能回去工作的。钱伟长当时在美国留学、工作时,年收入已经高达 10 万美元了。万般无奈下,钱伟长到美国大使馆去办签证。申请单上有很多问题,钱伟长一条条都回答了,唯独到了最后一条,他愣住了。最后一题问的是,如果中国和美国打仗的话,你是忠于中国还是忠于美国。钱老说,我当然忠于中国了。我是中国人,我不能忠于美国人。所以他大笔一挥,填了个“No”。这一回答惹恼了签证官,签证官自然不同意他的申请。2005 年中央电视台《大家》栏目做节目《著名力学家钱伟长》,记者问钱伟长："填这个'No'的同时，就意味着您跟美国人讲，我不去你美国了。您心里很清楚这一点。"钱伟长说："是啊，我总不能忠于美国，我是中国人。"记者说："所以在签'No'的时候，您毫不犹豫。"钱伟长说："我毫不犹豫，这一点我是毫不犹豫。我是忠于我的祖国的。"①

随着时代的发展，我们国家和世界各国的接触越来越广泛，在年轻人中间，掀起一轮出国潮。钱伟长对这种情况提出了自己的看法。他说，留学是好事情，但是，出国留学不能忘记自己的民族责任，学成了要回国，要立志报国。

钱伟长在 90 高龄之际对自己的评价是这样的，他说："归根结底，我是一个爱国主义者。"

回顾钱伟长的一生，是为国家而学习的一生，国家的需要就是他学习的内容，这个原则他一直以来都秉承着。他用一生的时间诠释了爱国主义。

钱伟长说，自己的心灵曾经受过九一八事变的冲击，因此，他毅然选择了弃文从理。在他的心中，他坚信，没有强大的国力是没有办法对付帝国主义的……这就更要求我们每个中国人应该自强不息。我们承认自己现在不如人家，但是我们不会甘心永远这样承认下去，所以，我们才需要自强不

---

① 于今. 百年伟长：追思钱伟长. 北京：红旗出版社，2012.

息，就是在承认不如人家的基础之上赶上人家。只要人人都如此，我们的国家也就强盛了。

钱伟长的一生历尽磨难，但是，他的赤诚之心从未改变过，他对自己所从事的教育、科研事业始终抱着巨大的热情，对建设社会主义国家、振兴中华民族的伟大事业始终充满着坚定的信念。他曾经多次说过："我不是党员（钱伟长是民主党派人士），不过我还是拿党的事业作为我的终身事业。为了我们的民族，我们个人吃点亏不要后悔，不值得后悔。我们历史上有很多英雄人物靠这么点精神，为我们中华民族立了大功绩！这就是公而忘私……我们的先哲对我们的教育是很多的，譬如像范仲淹那句'先天下之忧而忧，后天下之乐而乐'的名言就是很精彩的！换句话说，就是我们要为天下着想，也就是为中华民族、为党的事业着想……"①

---

① 顾传青.探寻大师的轨迹:钱伟长为什么能.北京:科学出版社,2013:117.

“三钱”

祖国建设的消息传到美国，钱学森再也无法平静内心的波澜，他决定要回国！美国当局听到钱学森要回国的消息，上下轰动，坚决反对，有人说，钱学森一个人就值美军的五个师，这样的人让他回去就是给美国树立了强大的敌人。因此，美国当局先是用利诱的办法，利诱不成，又改成了用威逼的手段，钱学森始终没有放弃回国的念头。经过一番斗争和周折，1955 年 10 月 28 日，钱学森一家终于回到了日思夜想的祖国的怀抱。当他们抵达北京的时候，钱伟长和钱学森的老师们一起到火车站迎接。两位同门师兄弟再度相见，心情非常激动，感觉也格外亲切。

海外一家报纸对这件事情做了如下的报道：“当钱学森博士走出北京火车站时，中共派出的一队由科学家组成的庞大代表团欢迎他。代表团中有几位他相当熟悉，其中一位年轻的科学家他很熟，那就是在美国念书时，名为占美钱的钱伟长。钱伟长在加州理工学院读书时，与钱学森一起从师于冯·卡门教授，也是一位力学专家。"①从这篇报道中，我们可以看到，世界各国对我们的科学家是如此关注，当然，在关注的背后，更隐藏了一种畏惧感。

在欢迎宴会上，主持人中国科学院院长郭沫若热烈欢迎钱学森的胜利归来，吴有训教授还宣布了由钱伟长协助钱学森共同组建中国科学院力学研究所的消息。

两人迅速开始着手筹建力学研究所。经过几次磋商，他们惊喜地发现两人的想法总是不谋而合，这为筹建工作节约了很多时间。为了更好地发展我国的力学事业，他们提出三点想法：一是要大力扩展力学的研究领域，二是要把研究和工业发展联系在一起，三是科学研究应该与科学实验和科学生产相联系。

经过短短的两个月的时间，他们就向中国科学院提出了建设方案。经过讨论，这套方案通过，可以正式建设了。

有的人对此有疑问：从钱学森回国到正式建设总共不到三个月的时间，一个力学研究所就成立起来啦？其实这主要归功于之前完善的准备工作。首先，在这之前，钱伟长为建设力学研究所已经做了大量的工作，而且已经筹划很长时间了。其次，钱学森和钱伟长共同的老师冯·卡门是一个做事

---

① 祁淑英. 钱伟长传. 太原：山西人民出版社，2010：70.

雷厉风行的人，他决策果断，办事效率高，这一特点让很多人都很佩服。在他的影响下，钱学森和钱伟长这两位高徒自然也秉承了这一特点。再次，这两位同门师兄弟在很多想法上都能达成一致，为筹建工作省出了大量的时间。

力学研究所的筹建工作引起了众多人的注目。我国著名数学家华罗庚说，力学研究所是我国研究史上堪称经典的一个例子，无论是它的筹建速度还是它的工作作风，对我们的研究者来说都是一次大的突破。

此时，海外的媒体更是把眼光聚焦到了这里，他们不无感叹地说：为什么中国人特别重视这个研究所？因为这个研究所是钱学森和钱伟长建立起来的。为什么中国人特别重视钱学森和钱伟长的能力？是因为他们两人的盖世奇才让大家折服。

力学研究所成立后，钱伟长和钱学森积极参加国际力学学术研讨会，还组织访问团到其他国家进行学术访问。

1956 年 8 月，钱伟长出席了在比利时布鲁塞尔召开的第九届理论和应用力学国际大会，并在大会上做了精彩的报告。他的报告在当时国际力学的研究方面是最前沿的，引起了各国科学家的重视，直至 20 世纪六七十年代，还有许多论文和研究依然把它当作研究的依据。国际上还把他在论文中提出的两种思想分别命名为“钱伟长法”和“钱伟长方程”。

1956年冬天，波兰科学院授予钱伟长波兰科学院院士称号，中国科学院院长郭沫若、副院长吴有训参加了授证仪式。

1954—1956年，钱伟长、钱学森和钱三强一起参加了由周恩来总理亲自主持的我国自然科学发展规划工作。周恩来总理几次把他们请到西花厅（这里是周总理居住的地方），听取他们三位科学家对发展规划的意见。

周总理依据我国资源和地域特点，对我国当时存在的问题和未来的规划，提出一系列想法，如我国西部和北部的沙漠化的治理问题，石油勘探问题，稀土矿的开发和使用问题，等等，这些问题对我国的发展来说至关重要，也关系着国家发展的未来。接着，钱伟长他们也向总理汇报了他们三人对国家规划的设想。此外，他们还专门提出，为了增强我们的国防能力，我们应该重点发展导弹。

这个想法在当时招来了很多人的反对，但是，考虑到我国在国际上的地位和日后的发展，钱学森、钱伟长和钱三强还是坚持他们的观点，认为我们一定得发展属于自己的导弹事业。他们从导弹的防御功能和攻击功能、飞行高度、材料、发动机、燃料等方面，跟同行们一一做了细致分析，经过比较和讨论，大家最终欣然接受了他们的提议。这样，这一重大战略被提上了日程。事实证明，当时的这一决策是非常正确的。经过几十年的发展，我国的火箭导弹研制技术水平至今仍位居世界前列，这不能不归功于他们的发起。据统计，我国火箭发射的成功率排在世界首位。

除了发展火箭导弹事业外，钱学森、钱伟长和钱三强还针对军事技术的特殊需求主张发展无线通信技术。无线通信是一项难度较高的技术，很多人望而却步，主张还是发展有线通信好。但是考虑到长远的规划，他们三人还是极力主张大家研发无线技术。首先，无线通信技术应用的范围更广泛，工业、农业、医药等部门都需要这门技术。其次，有线通信有其局限性，应用不够长远。

此外，对彩色电视机、电子计算机、机械化等问题，钱学森他们也提出了独特的见解，并主张我们的科研人员开始从事这方面的研究。这些想法在当时可谓是“异想天开”，人们很难想象，一个笨重的电子计算机这样的铁家伙居然能够思考。人们也很难想象，远在天边的人，居然可以在眼前的盒子（电视机）里说话。这太神奇了。经过这几十年的发展，当年“异想天开”的想法早已成为了人们生活中常见的现象，当年人们难以置信的事情此时已是生活的常态。

钱学森、钱伟长和钱三强在开发半导体等方面也提出了诸多想法。经过整理，他们对来自全国的、浩如烟海的千万条建议作出筛选，最终确定了一个包含 56 项科研项目和 6 项紧急重点项目在内的纲要。但是这一纲要引发很多争议，有相当一部分科学家大力支持，但是也有一部分科学家极力反对，一时争论不休。后来，还是周恩来总理在一次会议上的发言为这件事情定了位。他说："'三钱'的建议是对的。我们国家需要这个。"就这样"三钱"的提法从此为大家所熟知。

不计得失的"地下工作者"

据钱伟长回忆,当时有个叫巴波夫的苏联专家在清华大学任教务长,此人上课用的教案是他老师的,他自己都没看懂,上课的时候就是照着上面念。在当时,这样的情况还不是个例,这让他无比痛心,如果老师这样教的话,怎能要求学生学得好呢?

1957 年 1 月底,钱伟长在《人民日报》上发表了一篇文章。在文章中,钱伟长针对苏联模式的不合理部分提出了自己的看法,并就理工类学校的建设、基础教育的建设等问题发表了自己的见解。他的这一思想的提出是建立在对教育体制、教学方式和教学理念等有着深刻体会和理解的基础之上的。应该说,他的提法具有科学性、实践性和前瞻性。但是,他的这一提法却违背了当时的社会观念。

20 世纪 50 年代,正是我国学习苏联"老大哥",一切向"老大哥"看齐的时代,我们不仅照搬苏联的建设模式,而且在思想上也学习、照搬苏联的那一套，高等教育模式更是如此。钱伟长的提法和苏联模式有些不同，他主张，大学教育应该注重基础教育，专业之间的壁垒要打破，要让学生学会融会贯通；另外，结合理工科学生的就业和研究方向的实际特点，要注重对他们进行学习方法和学习理念的教育，尤其是应该侧重于培养学生分析问题、解决问题的实际应用能力。尽管钱伟长的提法放在现在来看，依然有着一定的进步意义，但是这在当时却是捅了个大娄子。他的提法被批为偏离主航线的思想。

钱伟长的执拗劲儿又上来了，他一直坚信，人应该学会辨别对与错，更应该学会坚持自己的正确思想，而不是在随波逐流中丧失个人的信念。有人提出，让钱伟长收回他发表的想法，他不肯收回；有人让他认错，他更不愿意屈从。在他的信念中，他坚信自己的行为是出于对祖国的爱，是为祖国的建设做贡献。

1957 年 5 月 19 日，北京市的第一张“大字报”出现在北京大学的饭厅里。① 紧接着，北京大学的学生又贴出了一张“大字报”，随后，一张张“大字报”相继出现。清华大学就在北京大学的隔壁，看到“邻居”开始张贴“大字报”，清华大学

---

① 祁淑英. 钱伟长传. 太原：山西人民出版社，2010：84.

也不甘落后。一时间,“大字报”铺天盖地,蜂拥而至。钱伟长就是在这时候的反右派斗争中被划成了右派。“大字报”的形式也丰富起来,由早期的质问,到小短文、杂文、对联、漫画等。

“‘大字报’的主要功能,一是揭露,二是批判。揭露,可以无中生有,断章取义;批判,可以随意上纲上线,乱扣帽子。无论哪一种功能都是片面和不实之词,容不得被揭露和批判的右派的钱伟长申辩和反驳。钱伟长的冤假错案就是这样被当年清华园的掌权者制造出来的。”①原本宁静的清华园此时却充斥着噪音,钱伟长觉得看不懂了,他无法拒绝这一切,他更无法躲避,他甚至无法思考了……他迷茫了。

这件事情过去了短短几年,更严重的问题接踵而至,钱伟长又被打入了“黑五类”,被列为批斗对象,他“参加”了一次又一次的批斗会,前后持续了将近 100 天的时间。作为“老右派”“反动学术权威”“牛鬼蛇神”,他一次又一次地被押到各种批斗现场会上,还要以“开飞机”的姿势,站在台子中央,接受批判。当时钱伟长已是年过半百,但是他从不屈服,也从不放弃对生命的重视。因为他在心中始终坚信,这样的日子很快就会结束,而且一定会结束,只要阳光到来,他

---

① 祁淑英.钱伟长传.太原:山西人民出版社,2010:85.

还可以继续研究他心爱的专业，他仍可以继续钻研他的火箭导弹事业。

再黑暗也会有一丝光，每到夜里，钱伟长就迫不及待地开始他的“地下工作”，这是他一天中难得的自由时光。在他心爱的书房里，没有书桌、书柜，没有衣服、被褥，这些东西早就被那些人给“征用”了；他的书籍、资料也丢失得差不多了，许多论文被撕烂了，有的还被踩上了很多脚印。这些心血的结晶就这样被践踏了，钱伟长的心都碎了，他每天只要有空就开始做抢救工作，有时只能把一张张小纸片往一起拼凑，有的连拼凑都拼凑不成，只能重新开始计算、推导和补充。在他那个当时已经凌乱不堪的小房子里，能用的工具是极其简单的，他拿出一支笔，一张纸，一个数字一个数字地计算，一个公式一个公式地推导。努力终有回报，经过他的抢救，一些珍贵的文稿终于又回来了。

眼前的困难并没有阻挡住钱伟长对科学的追求，也阻挡不住他对国家和人民的热爱。虽然此时他不能接触到国家科学工作的具体课题，但是他仍然收到许多科技人员的信件，甚至还有一些科技人员直接登门拜访。他们都是来向钱伟长咨询、请求提供资料或者请求协助的。钱伟长一一应下，尽心尽力地提供着各种技术援助。知识的力量是无穷的，在知识的海洋中，没有诬陷，没有造谣，也没有文武斗，在这里人们可以尽情地享受科学的美好。通过知识建立起来的交往同样也是美丽的，他们没有歧视钱伟长，仍然尊敬这位鞠躬尽瘁的科学家，甚至许多之前与钱伟长根本不认识的来访者，和钱伟长交往几次之后，竟和钱伟长成为了终身的好友。

让钱伟长感动的是，虽然国家处于特殊时期，但是那些热爱祖国的人民，他们从来都没有想着抛弃我们的祖国母亲，依然一心一意地为国家的建设而努力奋斗着。依靠这种“地下活动”，钱伟长把科学研究的成果奉献给了人民。仅1958—1966 年这段时间里，钱伟长大约参与了 100 多次科学研究工作：

为叶祖沛教授（原联合国冶金组专家顾问，曾任冶金部副部长，叶祖沛不谙中文）起草了加速推广转炉的建议书，并完成了高炉加压顶盖的机构设计和强度计算，为叶祖沛在首钢的试验工作做了理论准备；

为李四光部长提供了研究测量地应力的初步设想和措施；

推荐学生潘立宙从事地应力研究，并由李四光同志亲自将其调入地质力学研究所，为我国的地应力测量事业做出重要贡献；

为国防部门的防爆结构建设、穿甲试验、潜艇龙骨计算提供咨询，并推荐了人才；

为人民大会堂眺台边缘工字梁的稳定提出增强方案；

为北京工人体育馆屋顶设计提出网格结构的设想及计算方法；

为北京火车站的球形方底屋顶的边框强度设计提供计算方法；

为架线工提出解决山区电缆下垂和电缆互相干扰问题的办法；

为架子工、铆工提出的拉力扳手提供设计资料；

为机床厂工程师翻译、解释从民主德国引进的四种机床和说明书不符的问题，并帮助他们改写了操作维护指示书；

……

通过这个长长的清单，大家可以看出，钱伟长的工作时时刻刻与我们的日常生活相联系，与我们国家的建设相联系。他的心中时刻装着国家、人民的利益，他尽心尽力地为大家解决难题，不计名利，不辞辛劳，任劳任怨。

1960年，党中央给钱伟长摘掉了右派的帽子，他可以名正言顺地当一个“保留教授”了，只是此时他并没有正式的教学任务。在这一年的秋天,一个意外的邀请打破了坚冰。北京地区冶金学界和金属学界邀请他开设关于晶体弹性力学的讲座。讲座历时四个月,前来听课的人多达80人。为了取得较好的教学效果,钱伟长还写了一本30万字的讲义。

1961年春天,应力学班的要求,他又开设了一门课,教学时间长达一个学期。

接着,北京航空界邀请他讲授用于飞机结构的颤振理论,并开设空气弹性力学课程。这次讲座的时间是半年,共讲了约100个小时。钱伟长光是讲义就准备了60万字。这次前来听讲的人就更多了,多达300人。

此外,他还在清华大学开设教师培训班等,这段时间是他最忙的时候,也是讲课的高峰期,六年之内共讲授了12门新课,编写教材600万字。

这种工作量是少见的,这种工作效率也是惊人的,这种工作精神在当时的环境下更是无法想象的。钱伟长在“文化大革命”中始终是斗争对象。在斗争最激烈的时候,他和老伴、儿女都处在“前沿阵地”,邻居们都躲避起来或者迁居别处,只有他们还待在原地。批斗会随叫随到,生活用具被抄走,连吃饭都很困难。后来还有大约半年的时间,他们夫妻俩被分别关起来,只能靠两个还在上中学的女儿在监视之下给他们送饭。1968 年初夏，他们一家四口竟然挤在一间小屋子里，另一间房子兼作厨房、饭厅和客厅（按照要求这里用作会见“革命群众”“专案组同志”和“外调”的会客室）。

艰苦的条件并没有动摇他的坚强意志，他依然坚信，冬天已经到了，春天不会远了。

老钢铁工人

1968年10月29日，钱伟长被下放到首都特种钢厂接受劳动改造，成了一名炉前工，与炼钢工人同吃、同住、同劳动。

炼钢是个重体力活，用的工具是一根长长的钢钎，重达几十斤。炼钢工人每天用这根钢钎上料、捅火，一天无数次。正因为如此，一般来说，炼钢工人都是身强力壮的小伙子。而当时钱伟长已是50多岁的人了，身体又弱，干这样的体力活真是难为他。但是，他还是很高兴地接受了这样的安排，每天吃、住都在钢厂，每逢周末和节假日就回家。从钢厂到他家有30多里的路程，这段路他走得安心又愉快。虽然在炼钢厂的日子有苦也有累，但是钱伟长觉得这样的日子同样让他很心安。看着一炉一炉钢在自己的劳动下形成，他觉得这个劳动过程很值得。

钱伟长刚到钢厂的时候，很多工人对他还是非常好的，因为很多人都知道那只是一个特定时期的特殊事件，跟个人没有什么关系。但是，众人的想法总是这样，无法达成一致。有个炉前工认为钱伟长就是个劳改犯，对他应该厉害点儿，不能给他好脸色,应该好好监督他改造。一次,到了车间他发现自己的茶杯忘在了更衣间,一抬头,正好看见钱伟长在,便“顺理成章”地命令钱伟长去给他拿茶杯。钱伟长二话没说,就去更衣间把他的茶杯给取来了。这位年轻人还很“客气”地赏了他一根烟。其实,钱伟长根本不会吸烟,但是他很幽默地把这个奖品夹在了耳朵边上,这可是当时很时髦的做法。

旁边有的工友很看不惯这位年轻人的做法,告诉他,钱伟长可不是普通的人物,人家可是著名的科学家呢。这位年轻人也觉得自己做得实在有些太过了,他对钱伟长说:“对不起。既然你不会吸烟,那就把那根烟还给我吧。”钱伟长笑了笑说:“别客气。这根香烟可是我的劳动所得,还是给我留着作为纪念吧。”

俗话说,世上无难事,只怕有心人。随着在钢厂工作的时间越来越长,钱伟长对炉前工的生活也了解得越来越多。每天看到他们抡着重达几十斤的钢钎辛苦劳作,他想,应该想一个办法替工人解决这一难题。很快,钱伟长根据力学原理做出了一个支架,然后将支架放在炉前,把钢钎放在支架上。这样,工人们就不需要举着钢钎捅火,而是借助支架的力量,用一头捅火就行。通过这种方式,工人们节约了很多体力，干起活来轻松了很多。大家都非常感谢钱伟长。

在钢厂的这段生活经历让钱伟长深深感受到，科学只有和生活实践联系在一起才能真正体现它的价值。这对他以后的工作思路有着非常重要的启示作用。

自从这次成功的发明创造之门打开后，钱伟长的发明之路就一发不可收拾了。他和工人们一起开始搞革新。他们一起设计了水压机、大型热处理车间及设备等，为提高工厂的生产能力做出了重要的贡献。在钢厂，钱伟长又登上了讲台，为工人们传授科学技术知识，讲解力学课程，还专门对工人们进行培训。钱伟长和工人们成了铁哥们儿加师生，他也为在哪里都能为祖国和人民做贡献而感到非常激动和自豪。

正当钱伟长在钢厂干得如火如荼的时候，1969 年夏天，特种钢厂的领导突然接到清华大学军工宣传队的通知，通知命令钱伟长立即返校，跟随清华大学需要改造的老师，到江西鄱阳湖边的鲤鱼洲农场参加劳动改造，并要终身务农。

当时，江西鲤鱼洲农场正在爆发血吸虫病，而且还是重灾区，有很多人因此而丧命。工人们得知这一消息后，决定想办法让钱伟长免除这一灾祸。

经过一番商讨后，他们对清华大学军工宣传队的领导说，通过大家的层层监督和考察发现，钱伟长的近期改造还算有进步，但还不能算是改造好了，像他这样的情况，还不具备返校的条件。如果让他返校的话，那岂不是他们的工作没有完成好？所以，不能让钱伟长离开钢厂。钱伟长正是因为这些可爱的工人师傅们，躲过了一劫。据后来考证，当时去鲤鱼洲农场参加劳动改造的共约 1600 名知识分子，有很多人都没能躲过那次灾难。

4. 睿智老年

◎ 风雨过后见彩虹。人生中的苦难，我们与其被它困扰，不如让它变成我们生命中的催化剂。惟其如此，我们的生活才会更具挑战性；惟其如此，我们才能真正品尝到生活的美好。

人生中的春天来临

1970年5月,钱伟长终于迎来了他人生中的春天。他被正式从钢厂调回清华园,专门从事接待外宾的工作。当时,美国作家韩丁、韩阳夫妇访华,想了解清华大学的红卫兵运动的情况。周总理听到这个消息后,觉得钱伟长是完成这次任务的不二人选,指定他陪同接待。

韩丁,生于1919年。他的母亲创办了一所私立学校,他就在那所学校就读。韩丁的母亲对教育有着独特的看法,她认为教育应该和生产劳动相结合,还提出,人不能离开土地,从小就应该知道自己吃的东西是从哪里来的。因此,她在学校里还办了农场、菜园,并组织学生利用课余时间从事生产劳动。这种教育理念对韩丁产生了重要的影响,使他树立了独立自主的思想意识。

1936年,韩丁被哈佛大学录取。为了自己筹够学费,他去做了清洗砖头的工作。他到了那以后,听工友们说,这个老板心很黑,给工人规定了清洗的数额,达到了数额才能拿工资,否则就只能自认倒霉,一个子儿也拿不到。工人们知道这个规定后，都非常努力地工作，可是，不管他们如何努力，还是达不到老板规定的数额。他们非常苦恼，但因为人家老板也是有言在先，只能是哑巴吃黄连——有口难言了。韩丁听了这件事情后，把老板的规定仔细地思考了一番，想到了办法。他把工人们号召在一起，让他们把清洗好的砖头全都放在一块儿。团结就是力量，很快，大家共同清洗的砖头就达到了老板定的数额，他从老板那儿拿回工资后，再按照大家各自清洗的数量，给大家发了工资。工友们终于拿到了自己的辛苦钱，他们都非常高兴，韩丁也非常高兴。

在姐姐的影响下，韩丁阅读了埃德加·斯诺的《西行漫记》，这使得他对中国的革命历程和中国共产党产生了浓厚的兴趣。第二次世界大战结束后，韩丁以美国战争情报处分析员的身份来到了中国，在这里，他认识了毛泽东、周恩来等人，并对中国革命有了更为深刻的认识。1947 年，被派驻到东北工作后，他还到晋察冀解放区参加大生产运动。他向解放区的老百姓介绍了如何使用和维护农用机械，在山西的北方大学里还教当地人英语。直到 1953 年，他一直生活在这一带，对这些地方的生活可谓了如指掌。后来，他还把这段时间的生活经历写成了书，并出版。他的作品在世界范围内产生了极大的影响。此时，韩丁再次来到中国，他对“文化大革命”这个运动非常感兴趣。

接到总理的指示后，清华大学将钱伟长的房子归还给他，又动员其他老师帮助他把房子粉刷了一遍，还让他重新添置家具。但是由于这几年的运动，他的家具都已不知在何处了，加上这几年的工资也没有发到他手中，因此他只好临时借了几件家具把家布置了一下，让它看起来像个样子。

参加接待工作的除了钱伟长外，还有接待组的成员以及韩丁的女儿卡门。当时，卡门是北京某中学的一名学生，她一直生活在这里，还参加了当时的运动。她的这一特殊身份，使得接待工作变得有些复杂了。钱伟长向总理请示，该如何接待韩丁夫妇，应该把握住什么样的分寸。周总理说："你就合情合理地实话实说就行，况且，卡门是不会给我们隐瞒的。你只需要按照他们的逻辑思维方式，让他们能听懂就行。"

正如总理所预料到的，韩丁夫妇提出了很多问题，同时，他们的女儿卡门也讲了她听到的、看到的事情和她的很多看法。这次的接待工作长达一个多月的时间。韩丁夫妇提出了100多个问题，钱伟长尽自己所能，回答了他们的问题，当然，不可避免的是，有许多问题他都无法给出解释。但是他机敏的反应力和出众的口才，使得这些难题不再是问题。结束了这次访问,韩丁夫妇对我方的接待非常满意,他们的女儿卡门回国后,成了具有影响力的演说家,在她的演说中,她开始为中国进行辩护。

这次访问后,钱伟长又迎来了新的接待任务——接待访华的埃德加·斯诺。

1971 年 2 月,斯诺再次来到中国,那一年他已经是年近古稀的老人。从外貌上看,苍老布满了他的脸庞。斯诺和中国人民一直有着真挚的情感。1928 年他来到中国,任《芝加哥论坛报》和《每日先驱报》驻东南亚记者。在中国,他认识了宋庆龄和鲁迅等人,通过他们了解了中国人民的苦难与热切的向往,他非常庆幸能认识他们,并在他们的指引下认识了中国。后来他由衷地说:“鲁迅是教我懂得中国的一把钥匙。”

1934 年年初,斯诺以《纽约日报》驻华记者的身份兼任燕京大学(北京大学的前身)新闻系的教师,在北平(即现在的北京)海淀买了一处住宅。这个住宅原来是一位银行家的住所,房屋的样式中西合璧,带着一个宽敞的院子。在这里,可以远望颐和园和西山。在这里,他们夫妇生活得非常惬意。斯诺对汉语很感兴趣,他专门请了一位满族的老先生教自己汉语。他说,海淀的居民都操着一口优美的北京话,因此，这里是外国人学习中国话最理想的地方。在他来北平之前，鲁迅先生建议他，可以选编现代短篇小说集《活的中国》，通过小说向西方展示中国的现实状况。

燕京大学是中国共产党领导学生运动的重要阵地，斯诺积极参加学校新闻学会的运动。为了参加学生的爱国运动，他又搬回位于燕京大学附近的家。他们家成了许多爱国进步学生常去的场所，当时的爱国志士成了他家的常客。1935年12月，北平的大中学生在中国共产党的领导下准备举行抗日救国的示威游行，活动的时间定在12月9日，这就是史上著名的“一二·九”运动。运动前夕，关于具体步骤、游行路线、集合地点等，斯诺夫妇都已得知。他们连夜把《平津10校学生自治会为抗日救国争自由宣言》一文译成英语，分送到驻北平的外国记者手中，请他们往国外发电讯，并邀请了当时驻平津（北平和天津）的许多外国记者届时一定前往采访。

12月9日凌晨，广大爱国学生的抗日怒火像火山一样爆发。平津各校学生高举着大旗和标语，从不同方向向新华门进发。他们高呼着抗日救国的口号，反对华北成立防共自治委员会，要求停止内战，立即释放被捕学生。当游行队伍遭到军警的阻拦和袭击时，学生们不畏强暴，高呼抗日救国口号，继续前进，队伍越来越壮大，抵达王府井大街时，队伍已经扩大至四五千人了。王府井大街南口布满了军警，他们挥舞皮鞭、木棍，无情地抽打着手无寸铁的爱国学生。斯诺夫妇和许多外国记者一直跟随着队伍前进，他们亲眼目睹了这一切，真实地报道了学生们的爱国行为。斯诺在纽约的《太阳报》上发出了独家通讯，配有大量的文字资料和照片。另外，他还建议燕京大学的学生自治会举行外国记者招待会，再次向西方展示“一二·九”运动的伟大意义。后来，北平沦陷后，斯诺还在自己的住所里掩护了不少进步学生，并帮助他们撤离北平，参加抗日游击队。在他掩护的众多人里，就有邓颖超。七七事变时，邓颖超正在北平治病，为了早日离开北平，她通过别人联系到斯诺，请他想办法带她出去。斯诺把邓颖超化装成了自己的保姆，利用自己美国记者的身份，顺利通过了日本人的检查，把邓颖超带到了天津，然后托付给自己的一位好友，新西兰的记者吉姆·伯特伦，请他把邓颖超带过封锁线。

1936 年 6 月，斯诺首次到达陕甘宁边区，在那里他见到了毛主席，把自己亲自经历的“一二·九”运动讲给了毛主席听。同年 10 月，斯诺回到了北平。随后，他发表了大量通讯报道，并热情地向清华大学、燕京大学等大学的青年学生

介绍自己在陕北的见闻，

1937 年 7 月 7 日，在北京的卢沟桥爆发了七七事变，斯诺亲眼目睹了日军的暴行，义愤填膺。在参加日军召开的记者招待会时，他大声地质问："为什么要在中国领土上进行军事演习？为什么借口士兵失踪动用重兵？为什么侵略者不撤兵反而叫中国的守军撤出宛平？"这一系列的问题，让日军的新闻发言人狼狈不堪，无法回答，只得仓促结束招待会。

就在这一年的 10 月，斯诺的《西行漫记》在英国公开出版了，他的这一著作在中外进步读者中产生极大的反响。第二年 2 月，中译本在上海出版，更多的人看到了中国共产党和红军的真实形象。

1941 年，斯诺回到美国后，依然向美国人民和世界人民宣传中国的抗日战争。他坚定地说："我依然赞成中国的事业。从根本上说，真理、公正和正义属于中国人民，我赞成任何有助于中国人民自己帮助自己的措施，因为，只有采用这种方法，才能使他们自己解救自己。"

中华人民共和国成立后，斯诺曾三次到中国访问，这在当时是非常少有的现象。通过他对中国的了解，他意识到中国人希望建起一座中美两国友好交流的桥梁。他说："前途是艰险的，但桥梁能够架起，而且最后必将架起。"

1971年2月，钱伟长在家中见到这位已经"交往"了几十年的老朋友。他们早在1935年的"一二·九"运动中就见过面。那时，钱伟长是学生运动的积极参与者，斯诺的名字对他来说如雷贯耳。在他们这次的交谈中，钱伟长对斯诺的话非常感动。斯诺说："西方人对中国的看法，有一些是始终不会变的，那就是中国的文化、中国的成就、中国人的品格和中国人不屈不挠的精神。他们深深感觉到了中国的巨大潜力。"

由于一个意外的机会，美国乒乓球队被邀请访问北京，从此中美关系解冻。而美国《生活》杂志上发表的一篇文章更是为这一事件添上了一把火。在文中，作者透露了中国领导人毛泽东的话："如果理查德·尼克松访问中国，无论是以旅游者的身份还是以总统的身份都会受到欢迎。"这篇文章的作者就是斯诺。

但是谁也没想到，这竟是斯诺人生中的最后一篇独家报道，也是斯诺最后一次来华。1972年2月15日，斯诺因罹患癌症，在日内瓦逝世。

1972年，尼克松前往中国访问，这标志着中美正式建交。同年夏天，钱伟长受周恩来总理委托，接待了美籍华裔教授的回国访问。这个访问团的团长是任之恭，副团长是林家翘、戴振铎,成员中不乏钱伟长的老同学、老朋友。时光荏苒,一晃30多年过去了,他们相拥在一起,促膝长谈,总觉得有说不完的话,道不完的情。

在这期间,钱伟长或在家中接待外宾,或者陪同周恩来总理接见外宾,他的工作依然繁忙,但是再忙他也不觉得累,再忙心也是甜的。

先行的环保卫士

钱伟长的环保意识早在20世纪70年代就已经树立起来了。那时,西方人也才刚刚开始提出“环保”这个说法。

20世纪60年代初期,我国人民经历了生活上的极大挑战,那时,全国上下缺少粮食,人民的温饱问题都难以解决,因此,在吃的问题上,人们用尽心思寻找一切能吃的东西。野菜、树叶、树皮等这些我们现在看来下咽困难的东西,在当时还算难得的“美味”呢。在这种情况下,河里、湖里、山里一切能吃的东西自然都逃脱不了被吃的命运。这一时期过去后,人们对吃的东西也有了新的认识,一些原本不太被人们注意的东西,慢慢成了一种珍馐美味,青蛙就是其中的一个。在老百姓的餐桌上多了一道菜,叫作“炒青蛙腿”,有的人家甚至用这道菜来改善伙食。青蛙是非常易于捉到的一种生物,一个五六岁大的男孩子一天可以轻而易举地捉到几十只。虽然人们都知道这种有着大大的眼睛、绿色背部和白色肚皮的生物是一种益虫,但是或许是因为在美食面前还是无法抵住诱惑,当时人们捉青蛙吃简直是家常便饭的事。

钱伟长看到这种情况痛心疾首，他知道人们的行为并不是出于恶意，而是出于对大自然的认识不够。在人们的想法中，大自然是一个取之不尽、用之不竭的宝库，它更像一个聚宝盆，不需要任何的付出和努力，就可以随手拿来想要的一切，空气、水、土等，只要想要，大自然随时随地都会给我们，这一切都来得太容易了，所以人们心安理得，没觉得有什么不妥，更想不到这些东西的价值。人们更没有想到的是，大自然其实和人类一样，需要更新、需要休整、需要成长，当然更需要呵护。水，是地球上最丰富的物质，它覆盖了地球表面的四分之三的面积，其中97%是海水，而淡水，也就是人类能饮用的水仅占3%，这还包括冰川、内海等在内，也就是说，实际上能供人类开发利用的淡水还占不到地球总水量的1%。如果把地球上的水比作是一杯水的话，那么人类可利用的淡水大约只相当于其中的一勺，而我们人类可直接饮用的水就只相当于一勺中的一滴水了。看来有人把淡水比喻成地球的眼泪真是不为过。即便是这样，这些水资源的分布还存在严重不均衡的情况，大约65%的水资源集中在不到10个国家里，也就是说，世界上有很多国家是严重缺水的。

在水源相对较好的国家里，随着人口的急剧增加，水的消耗量还是非常大的。如20世纪初期，每年全球水的消耗量为 5000 亿立方米，到 20 世纪末期，已经增长到了 50000 亿立方米，增长了足足有十倍！地表上的水越来越少，人们就想到把井挖深些，深些，再深些，开始采掘地下水，而这种恶性开采的提前预支方式造成的最直接的恶果就是，地下形成漏斗，地表开始下沉，直接导致地质灾害。我们的母亲河黄河在 1972 年就已经开始出现断流现象了，这不能不说是为我们中华儿女敲响了警钟。

树，是生活中与我们息息相关的一种植物，也是人类的资源宝库。它为人类提供了大量的木材、果实，保障人类生活所需；它为人类提供了丰富的能源，如煤、石油等；它为人类保护了环境，储存雨水，保持水土；它为人类防风固沙，减少风蚀的侵害；它无时无刻不在为人类制造呼吸中必不可少的氧气，吸收二氧化碳，降低温室效应……树，对人类的好处真是说不尽、道不完。人们把树比作人类的防毒面具，把森林比作人类的肺。我们没有理由对如此重要的器官视而不见。

而早在古代，我国劳动人民对树的栽植就已经开始重视了。那时，人们常常会在院子周围栽上树，也会在田边、地头栽上树。树芽萌发，人们知道这是春天到来了；夏天，枝繁叶茂的树下，是聊天、纳凉的不二选择；秋天，树叶变黄，预示着一年收获季节的到来；冬天，有的树虽然叶子落尽，但是枝丫依然凛然面对寒风，毫不退缩，如同中国劳动人民的铮铮铁骨，有的树依然郁郁葱葱，为冬天的洁白添上一片片绿意，似乎告诉人们无论在什么样的恶劣环境下，都要保持高洁、不屈的品行。树，可谓四季的晴雨表，更是人类生活的直接写照。无怪乎我们的诗人常常把情感寄托于树上。

不幸的是，虽然在生活中很多人都会关注这些生物的存在，但是有的人利欲熏心，他们大肆砍伐参天古树，居然就是为了眼前的利润。这种现象无法不让人扼腕痛惜。

面对这种情况，钱伟长认为我们应该吸取西方人的教训，提早树立环保意识，不能仅靠破坏后的“疗伤”，而是应该加强有效预防。他在一次会议上郑重地向周恩来总理提出了这一设想，得到了总理的大力支持。1972 年 10 月，毛泽东主席和周恩来总理一致决定让钱伟长参加中国科学家代表团，出访英国、瑞典、加拿大、美国四国，考察他们的环保做法。

说到这个代表团，还有一段小插曲呢。组建这个代表团时，钱伟长还在特种钢厂劳动改造呢。会上，毛泽东主席和周恩来总理提出让钱伟长担任代表团的团长，遭到很多人的反对，他们甚至反对钱伟长成为这个代表团的成员。最后，毛泽东主席和周恩来总理坚持让钱伟长参加代表团，并表示，团长一职可以另选他人，但是钱伟长必须是代表团的一员。接到这个通知时，钱伟长正在钢厂劳动，他很难相信这个通知是真的。等他站在周恩来总理面前报到时，周恩来总理乐了，他说："老钱啊，你怎么穿着工作服就来了？这样怎么出访啊？"说着，周恩来总理让人给他找了一套干净的衣服，然后把自己脚上的鞋子脱下来给钱伟长穿上了。钱伟长就这样穿着周总理的鞋子，踏上了出访的飞机。每当提起这件事情，钱伟长都感慨万千，我们的总理就是这样事无巨细，关爱着我们每一个人。

代表团的第一站是英国。园艺在英国非常受重视，甚至还发展成了一种重要的文化。英国皇家学会会长带着他们参观了皇家植物园（邱园）。这里，一年四季都向游人开放，根据一些植物的特殊时期，他们还安排了一些活动。如每当睡莲开花的季节，植物园会安排中小学生来这里观察睡莲绽放的过程。通过这些活动，孩子们可以更加深入地了解大自然、接触大自然，从而有效激发孩子们对大自然的敬畏和热爱之情。事实证明，这种做法取得了非常好的效果。我们古人也强调"润物细无声"，"春风化雨"，这种持续不断施加影响的做法往往会取得更深层次的良好效果。代表团惊奇地看到，来参观的人络绎不绝，这些游客们无一不是在静静地欣赏着、赞叹着大自然的神奇和美妙。

就像黄河是我们的母亲河一样，泰晤士河算是英国的母亲河。它发源于英格兰西南部的科茨沃尔德的希尔斯，全长402千米，从英国首都伦敦及沿河的10多座城市穿过，是英国重要的航运生命线，直接为英国打开了一条通向欧洲其他国家的通道。河流附近往往也是文化的重要发源地，泰晤士河流经之处，也孕育了英国古老的文化。如有着几百年历史的建筑群、纳尔逊海军统帅的雕像、文艺复兴风格的圣保罗大教堂、著名的伦敦塔、伦敦塔桥等。每一幢建筑都是艺术的杰作。除此之外，泰晤士河还哺育出一些英国的名胜，如伊顿、牛津、亨利和温莎等。

在工业革命时期，由于人口集中，大量的城市生活污水和未经处理的工业废水直接排入河中，沿岸还堆积着大量的垃圾，泰晤士河一度成了一条臭水沟。夏天臭气熏天，周围的居民无法打开窗户。伦敦的饮水也遭到了污染，加之弥漫着的大雾和工业排放的二氧化硫、一氧化硫等有毒气体，终于爆发了大面积的霍乱和伦敦烟雾事件，当时死于霍乱的人就有3万多。英国人终于醒悟了，他们开始立法治理，对直接向泰晤士河排放的工业废水和生活污水等各种水源均作了严格的规定，同时还大量设立污水处理厂等。通过一系列的治理，泰晤士河终于恢复了原本的面貌。代表团看到的泰晤士河非常宁静，连昔日繁忙、嘈杂的码头此时都是静静的，几只游艇在河面上悠闲地滑行着。天是蓝的，水是蓝的，两者上下呼应着，如同两面镜子遥遥相对。透过清澈的水面看去，水中的小鱼清晰无比，它们正在悠闲地游来游去，水面上偶尔有小鸟掠过，像是来照照镜子，整理整理装束，然后又悠闲地飞向天空。

钱伟长感叹着，感叹于这种难得的静谧的画面，这种人与自然和谐相处的画面，同时也感叹于人类的认知：难道我们非得等到失去才知道它的宝贵么？我们一定得吸取这个教训啊！

接下来的一站是瑞典。

瑞典位于北欧的斯堪的纳维亚半岛的东南部，面积约45万平方千米，是北欧最大的国家，有着“森林王国”“湖泊王国”“北欧雪国”“禁酒王国”等美誉。它是科技高度发达的先进国家，国民教育相当普及，它的这两大特征也是世界闻名的。当时，瑞典国民中的92%都是大学毕业水平。

代表团一到瑞典就得到了瑞典皇家学会的热烈欢迎，瑞典皇家学会全程陪同他们参观访问。瑞典皇家学会会长汉勃鲁博士带着他们参观了阿泼萨拉大学,据说这是欧洲最古老的大学之一,它还设有汉学系,并在图书馆和博物馆中收藏了大量的中国文物。在那里,钱伟长意外地见到了 20 多本《永乐大典》的珍本和郎世宁绘制的康熙年间的大清帝国全图。这着实让钱伟长吃惊。因为这是他第一次见到我国最早的地图,并且是按现代标准绘制的版本。

瑞典皇家学会还带着代表团的成员参观了首都斯德哥尔摩近郊的白桦林。白桦树是瑞典的代表树种之一,在瑞典语中被称作“比约克”。这种树通体粉白,树干挺直,适合在寒带生长。在树林中,踩着白桦树的落叶,听着小鸟的叫声,看着小松鼠就在脚下自由地来来往往,人们往往会陶醉于其中,迷恋于人类和大自然的和谐,充分享受着自由的空气和宁静的感觉。那种放松、至真的感觉真是让人着迷啊!钱伟长他们在这里感慨万千。人类和大自然的关系不正像儿女和父母之间的关系一样吗?慈母孝儿,儿女对父母只需付出一点儿,父母会以更多的爱来回应,父母哺育儿女,对儿女可谓倾其所有,无怨无悔,正如大自然对待人类一样,人类只需关爱自然,善待自然,大自然就会倾其所有回报人类。

从斯德哥尔摩乘坐火车,行驶 18 个小时后,代表团到达了位于北极圈内的瑞典小镇基尔纳,在瑞典语中基尔纳是雷鸟的意思。这是瑞典最北部的城镇，境内有很多丘陵，采矿业很发达。代表团一出车站，层层叠叠的红色房子映入眼帘，与背景的白色形成了鲜明的对比，让人不禁想到圣诞老人服装上的两种突出的颜色。小镇的中央矗立着尖顶的教堂，这是欧洲建筑的特色之一。由于地处北极圈内，基尔纳镇有着漫长的冬季，极为短暂的夏季。代表团非常幸运地看到了北极光这一大自然的奇特景观。

在基尔纳的矿区，代表团第一次看见现代化的铁矿矿区。矿石从矿内用传送带直接自动送入选矿厂，一个选矿厂每年能选矿 400 万吨，一个班一共只用 12 个工人，矿石进入第一层楼被粉碎、筛选，合格粉末升入第二层，经洗选后团成颗粒，不合格的大颗粒，被再度粉碎后加入下一批原料，输入第一层，把第二层团成颗粒的料输入第三层楼进行烧结。最后，经过筛选后由传送带输入厂外的铁路运输车皮上，通过铁路从挪威出口。厂房地下层是动力机械中心，12 个工人中，6 人在动力中心，也管维修，其余 6 人，每层 2 人，分管传送速度、生产质量和机械动作的监护。这种现代化程度高的采矿方式让代表团的人惊叹不已。

代表团的第三站是加拿大。在这里，他们访问了温哥华、多伦多、渥太华、魁北克、蒙特利尔，并看到了尼亚加拉大瀑布。

30 年后，钱伟长再次回到了他的母校——多伦多大学。时光流逝，物是人非，钱伟长在这里感受到了时间的力量，应用数学系已经停办，原来的欧洲教授们早已各自回国了。多伦多大学还为返回母校的钱伟长举行了获得博士学位 30 周年纪念会，参加者都是当年数学系、物理系（现已退休）的教授，其中有三位还是钱伟长的博士论文答辩委员会的委员。在“文革”中钱伟长的博士毕业论文丢失了，现任校长从图书馆借出原稿，复制了一份赠送给他。这让钱伟长非常感动。老教授们特别关心他们这些首批到加拿大留学的中国留学生，当他们得知段学复、张龙翔、沈昭文等都是我国科学界的带头人时，都喜形于色。钱伟长还遇见了当年与他居住在同一个宿舍的老同学约许博士，他已是加拿大的牙科权威，也是加拿大总理的牙科保健大夫，他极想来华访问，特别是访问华西大学（成都）的牙科，他父亲在新中国成立前曾在华西大学任教授，后来在 1984 年，约许博士终于访问了上海、成都、西安和北京。在多伦多大学，代表团还访问了宇航研究中心，他们正在进行大规模的圆柱壳受轴间压力下的稳定实验问题的研究，钱伟长向他们索取了不少实验资料，并同意用自己的圆薄板大挠度问题以及扁球壳受压失稳问题的公开成果与他们的研究资料进行交换。他们还访问了魁北克的冰结构强度研究所和高电压实验室,以及滑铁卢大学的计算机软件中心、运河远距自动控制管理中心等科学技术设施。

美国是代表团访问行程中的最后一站。代表团访问了华盛顿、纽约、波士顿、密西根、芝加哥和旧金山等六个城市,当时的总统尼克松还亲自在白宫宴请了他们,国务卿基辛格在国务院为他们安排了中餐午宴。美国科学院为他们举行了盛大的宴会,当时参加的人员包括了美国所有的科学家,约 500 人。据说,这种大型的宴会在美国科学史上还是第一次。美国科学界、教育界、学术界和华侨界都对他们的访问给予了热烈的欢迎。代表团参观了各种博物馆、纪念馆以及国会和国会图书馆、宇航馆、世界贸易大厦(现在也被称为双子塔)、纽约州立大学石溪分校、普林斯顿大学、哈佛大学、麻省理工大学、密西根大学、芝加哥大学和贝尔电话电报公司等。IBM 公司的总经理还专程陪同他们参观了华盛顿、纽约和波士顿等三个城市。这位公司经理公开说:“我真诚地愿意和中国合作发展计算机事业,对中国而言,我们无法保持什么真正的技术机密,公司的高级技术带头人共有 500 余人,中国人超过半数,他们都是出类拔萃的,哪天中国要他们回家为祖国服务，我们是无法阻挡的。”他的这番话对钱伟长和代表团的其他成员触动很大，他们坚信，我们在教育过程中，除了应该注重对人的智能的培育，更主要的是，我们还应加强对人的思想品质的教育。这对人格的完善来说是至关重要的。

代表团还特别提出要求参观和访问环保局和环保研究中心。他们询问了美国环保管理的运作方法和有关国际关系问题，并索取了大量资料。在这次访问中，他们全面深入地了解了有关高新技术的问题，如激光技术、遥测遥控技术、计算机技术、加速器技术等各方面的进展情况。在访问普林斯顿大学的时候，钱伟长还遇见了老同事马斐尔特教授。他热情地邀请钱伟长参观他所领导的喷射推进研究中心和他正在研究的电子喷射推进发动机。当时，正在另一个喷射推进研究所的老同事司啻怀特教授，还特地从加州南部赶到旧金山，只为和钱伟长见面。在旧金山，钱伟长还见到了很多老朋友。阔别了 30 年，相见时，大家都是别有一番滋味在心头。他们一起聊聊这些年来各自的情况，又互相询问一下对方的情况。当时，很多华裔科学家，如任之恭、林家翘、杨振宁、李政道、赵元任等都来了。大家都很兴奋。

四国访问的过程很顺利，大家的收获也很多。代表团在即将离开美国，准备回国时，在旧金山召开了一次记者招待会。记得，当时有个记者问了这样一个问题："新中国成立以来，有什么科学发明，可以算作是对人类的贡献?"这个问题非常具有挑战性，回答不好的话，极容易被对方抓住把柄。钱伟长立刻站起来，严正回答道："新中国成立以来，中国人民在重建家园中，认识到任何一个国家、任何一个民族，不论它曾经多么落后、多么贫困，只要国家独立，民族团结，万众一心，努力建设，就一定能自力更生建设自己的工业、农业，逐步赶上世界上最富有的发达国家，这就是中国人民最重要的科学发明和对人类的贡献。"此话一出，立刻引发了听众的一片热烈掌声，在场的很多老教授流下了热泪。是的，中华民族是个坚强的民族，只要我们团结起来，万众一心，努力建设，我们的祖国一定会更强大。这头世界东方雄狮，总有一天还会继续屹立在世界的顶端!

代表团回国后，受到了周恩来总理的热情接见。钱伟长马上投入整理访问收获的工作中。他很快就写出了一份长达五万字的出访考察四国环保工作的报告。在报告中，钱伟长不仅非常详尽地介绍了四个国家针对环保问题的具体做法、环保技术和环保政策等，还针对我国自身的具体情况提出了一系列设想。

钱伟长首先建议我们国家应该早日成立国家环保局和环保科研机构。这一建议得到了周恩来总理的大力支持。很快,国家环保局和环保研究院成立了。

钱伟长还建议周恩来总理,虽然我们国家目前的首要任务是搞经济建设,但是,在搞经济建设的同时,我们也应该从西方国家建设中吸取经验和教训。首先我们不能像他们那样,以牺牲自然换取经济效益,然后再回头花钱重建自然。这样往往得不偿失,而且有的损失往往是无法挽回的。我们在搞经济建设的同时,应该关注大自然,充分尊重大自然的发展规律,以科学的态度来看待自然,与大自然和谐相处。如森林的砍伐问题,森林是地球的呼吸机,它关乎人类生活必需的水、土、空气等的质量,因此砍伐应该有度,如果有必要可以通过适当的形式进行强制约束。再比如野生动物的猎取问题。人类常常以高级动物的身份自居,对低级动物不尊重。另外,人类还认为,对低级动物的猎杀和利用,似乎更能证明我们征服自然的能力。这其实是个认知的误区。从生命的角度来说,地球上的任何生物都应该彼此尊重;从生态循环来说,生物之间的平衡至关重要。如果食物链出现断层的话,那么遭殃的将不仅仅是一两种生物,而是整个食物链。此外,像对矿产资源的开采,我们应该做到适度、适量、科学采掘。矿产资源是重要的自然资源，是社会生产发展的重要物质基础，现代社会人们的生产和生活都离不开矿产资源。矿产资源属于非可再生资源，其储量是有限的。目前世界已知的矿产有1600多种，其中80多种应用较广泛。随着人口的不断增加，人们对矿产的需求量也在不断增加，如果我们这一代就提前将这些资源利用完了的话，那我们的后代可能就没有这种资源了。

这份报告中提到的问题引发了周恩来总理的深思，他对钱伟长的提法有着强烈的共鸣。如同钱伟长所提到的，我们搞建设的目的是让国家发展得更好，是为了让人民过上幸福、快乐的生活。因此，在建设中我们除了要考虑短期效益外，更重要的是还得考虑长期效益，不仅要让这一代人过上好日子，还得为后代造福。

钱伟长在报告中还提到建造城市公园的想法。城市的经济建设主要是依靠工业建设，同时城市人口的聚居密度相对较大，因此如何净化城市的空气关乎人民身体健康和生活质量。在哈佛大学访问的时候，钱伟长注意到这个校园的绿化程度非常高，绿草如茵，树木葱葱，人徜徉于其中如同游走在花园里一般，真是幸福。人们只有多接触自然，才能更加热爱自然。

学以致用的力量

1941年6月30日，希特勒的德军开始大举入侵苏联，从北极地区到黑海，战线长达2000英里。这也意味着德国正式和苏联开战。关于这次战争，希特勒声称，他这次军事进攻是因为苏联和英国的合作威胁了欧洲的安全。在这次战役中，发生了一件神奇的事情。那天，德军和苏军的一辆坦克在立陶宛境内的一座桥上相遇。苏军的这辆坦克正好独自停在桥头，用炮火阻击德军过桥。

德军看到苏军只剩一辆坦克，就调来一个炮兵连，同时架起六门大炮对其进行攻击。猛烈的炮火在坦克的周围爆炸，还有两枚炮弹击中了坦克的顶部。但是，令人惊奇的是，那两枚炮弹竟然被弹飞了，而坦克却毫发无损。接着，这辆坦克向德军的阵地一连发射了几发炮弹，将德军的六门大炮全部摧毁。就这样，苏军居然仅用这一辆坦克就挡住了德军的进攻，在第二次世界大战的历史上写下了精彩的一页。苏军将这种坦克吹嘘得神乎其神，并将其批量生产，数量增至3000多辆。这种坦克作为苏军的主要武器一直沿用到1969

年的珍宝岛战役。

珍宝岛战役是中国人民解放军边防部队在珍宝岛击退苏联军队入侵的战斗。1969 年 3 月，苏联军队几次对黑龙江省乌苏里江主航道中心线中国一侧的珍宝岛实施武装入侵，并炮击中国岸上纵深地区。中国边防部队被迫进行自卫反击。在这次事件中，苏联政府称珍宝岛属于苏联，反诬中国边防军入侵苏联，并且公布了苏联政府对中国政府的“抗议照会”。中国外交部发言人指出，珍宝岛是属于中国的领土是无可争议的，而且长期以来一直是在中国的管辖之下，中国边防部队在此进行巡逻。苏联的所谓“抗议照会”是推行社会帝国主义侵略政策的强盗逻辑。

战役一开始，我方对苏军的“神奇坦克”有些担心，请钱伟长对这种坦克进行研究，寻找对付它的办法。

钱伟长看过这辆坦克后，说了句：“苏联老大哥设计的坦克好笨重啊。”很快，他就从力学的角度找到了对付这个笨重家伙的办法。他说，这种坦克的特点就是头部防护好，打不透，要想对付这种坦克最重要的就是不要迎头打击，要先放它半身过去，再从侧面进行攻击，这样的话，一下就能让它报销。钱伟长把这个意见反映给有关部门后，我方在对付这个笨重家伙时就有了制胜法宝。不久就从珍宝岛前线运回了两辆被我军击中的苏军坦克，这两辆坦克都是从侧面被击中的。苏军坦克的“不死神话”就这样被我们的力学专家钱伟长给打破了。

经过这件事，钱伟长对我军的装备有了更多的思考。《孙子兵法》说：“知己知彼，百战不殆。”他觉得，我们除了要提高攻击对方的能力之外，还得学会加强自己的防御能力，只有这样我们才能取得珍宝岛战役的全面胜利。当时我军装备的重型坦克缺少一种复合的装甲护板，在作战时显现出了它的防御能力不够。经过研制，钱伟长提高了装甲的抗弹能力。他的这一研究成果由清华大学军工宣传队的领导转交到有关部门，很快就得到了上级的首肯，他们迅速组织力量进行深入研制，取得了极大的成功。

在研制装甲护板的过程中，钱伟长听说，我军的坦克一次最远能走的路程只有几十千米，再远就走不动了。因为当时的坦克使用的是铅酸电瓶，两个电瓶的自重就大约 100 千克，而且它的电量每次只够启动 15 ~ 20 次。因此，在坦克开动的过程中，就难免出现停停走走的情况。针对这种情况，钱伟长向上级提议，应该研发一种具有更高效能的电池。这一建议得到了上级的批准。1971 年，一个高能电池研究小组正式组建，有六位成员。一年后，坦克兵团又派来了四位同志。三年的时间里，钱伟长和其他小组成员夜以继日地找资料、搞研究。为了学习国外的相关技术，他们找来了大量的国外资料，阅读了近 20 年的相关学术专著。由于当时的物质条件较为缺乏，这些小组成员还自己骑着自行车跑遍了北京的几百个废品收购站、化工厂和化学材料商店，选购材料，自己组装设备。就这样，他们克服了重重困难，终于取得了初步成果。

1973 年，小组成员研制出了一种与普通电池体积大致相等，但能量高出普通电池八倍的新型电池。这种电池投入使用后，很快显现出了它的优势。首先，这种电池的价格低，抗水性又强；其次，它的自重小，能量大，原来的两个电瓶重约 100 千克，但是只能连续启动 15 ~ 20 次，而现在的电池的重量仅 25 千克，还能连续启动 1000 多次。这为实际操作带来了很多便利。

后来，这种电池的应用范围进一步得到了扩大，它被用作地质勘探的电源、铁路信号灯的电源、航道标志灯的电源和导弹动力电源等，连核潜艇和电瓶车等都用了这种电池。1973 年 5 月，山海关铁路局成立电池厂，专门生产号志灯；1974 年夏天，我国第一批以高性能电池作为动力的电瓶自行车试车成功；1975 年，钱伟长等人研发的高性能电池获得了北京市科技进步奖。科技应用于实际生活，这是钱伟长一直非常注重的研究理念。经过多年的研究，钱伟长对这一点更是有着深刻的体会。

通过这件事，人们对钱伟长这个名字有了更多的了解。但是也有人瞧不起钱伟长这种什么都干的人，他们骨子里认为研究者只应该做自己专业范围内的事，而不能去触及别的专业领域，否则就成不务正业了。因此他们鄙视地说，钱伟长简直是个“万能科学家”。钱伟长听了以后说：“我一辈子就这样，所以有人说我不务正业，今天干这个，明天又干那个。我说我是看国家哪方面需要我，我就力所能及地去干。我的基础好一点，有这个能力可以这样做。我可以临时开一个题目，保证三个月内就可以开展。我会查资料，看书也快，今天干完这个，明天就可转到另外一个题目上去。我的题目很杂，什么都有，因此有人说我是‘万能科学家’。其实不是万能，不过我会去学一些东西，我会看人家的东西，看懂了我自己能下结论，并在这个基础上再做下去。我懂得爬在人家肩膀上，我要永远爬在人家肩膀上。”①

他的这些话让我们不禁想起当年他发明“钱码”的故事。事情的起因跟代表团访问四国有关。他们在美国访问

---

① 于今. 百年伟长：追思钱伟长. 北京：红旗出版社，2012：324.

的时候，代表团中有一位号称“计算机专家”的代表。但实际上，他对计算机一窍不通，只是打着“计算机专家”这块牌子，冒充科学家，获得了参加代表团的资格。到了美国，人家问他计算机方面的问题，他自然什么也说不出来。加上他不懂英文，人家向他提问题，他根本没法回答，就让钱伟长给他当翻译。

刚开始，钱伟长试着把他的“见解”翻译给对方。这是钱伟长第一次接触计算机，虽然当时国内已经有计算机了，但是因为他是右派，加上国内计算机技术是保密的，一般人根本接触不到。他非常留心观察别人的操作，在脑海里不断地将这个新事物和自己所学的知识联系在一起，很快，他就摸清了其中的门道。人家再提问题时，他已经能用自己的话回答了。但是因为他的身份是翻译，所以他还得装着是在给那位“计算机专家”翻译。

虽然这次的访问时间短暂，但是钱伟长弄懂了计算机。后来，钱伟长回忆这段历史时幽默地说：“你看，我改行之快是多么的厉害啊！”思维敏捷，悟性高，接受能力强，这就是钱伟长的厉害之处。

1980 年 10 月，钱伟长和计算机再续前缘。他率领代表团参加了在香港举行的国际中文计算机会议。他们参加

IBM 公司、王安公司和西门子公司的产品讨论会时，有人对钱伟长说："你们干这个太困难了，不如采用我们的大键盘中文计算机来得容易。"钱伟长对他的话很不服气，他想，我们中国人一定要有属于自己的中文计算机。

当时，在生产中文计算机方面处于领先位置的要算 IBM 了。他们用的是大键盘，一个盘容纳 1000 多个中文汉字，常用字放在一块板上，次用字则放在第二块板上。王安依据汉字的构成特征把 IBM 的中文计算机进行了简化，偏旁部首有 100 个，也是一块板。通常汉字是由几个部分组成的，必须每个部分都点一下，字才能出现。因此，他的这一发明被命名为"三角码方法"。

会上，有个外国人神气地对钱伟长说："关于中文计算机的研究，我们已经取得了相当的成就，你们中国人只管购买我们的产品，走捷径，使用就是了。"钱伟长坚定地说："不。既然是中文计算机，那就要由我们中国人自己来做。我们中国人一定能做出来，而且还要比你们做的那个大键盘好！"接着，钱伟长"以牙还牙"，对着那位骄傲的外国人蔑视地说："你们那个东西已经落后啦，那么大的一个键盘，我们可受不了。我们走自己的路，两年后我们再见。"

1981 年 6 月，我国成立了中国信息研究会，钱伟长任理事长。虽然那时他已是69岁的高龄,但是他还是继续投入发明中国电子计算机的崭新事业中。经过四年的时间,钱伟长不仅摆脱了大键盘,还发明出了汉字的编码。

汉字有着5000多年的历史,字数有40000多个,常用字也有8000多个。一个汉字就包含了音、形、义等信息,经过再拆分,我们还可以看到这三个方面还各自包含一定的信息。所以,虽然汉字的数量庞大,但是一般人只要稍微掌握一些规律,就能增强自己认汉字的能力。如老百姓常说的“见字识半边”,也就是说,我们看到一个不认识的字,只需要按照它的一半读,往往也能读出个大概。比如说,“青”是我们熟悉的汉字之一,“鲭”“赗”这样的汉字则不易读,那我们就可以通过“青”的字音,来猜出“鲭”和“赗”的大概读音。用这种方法读出来的字音未必精确,但与正确读音往往很相近。另外,古人在造字时,不仅考虑到了音,其实对形、义等同样非常注重。比如每个偏旁有其独特的含义,使用某个偏旁的字,其意义往往也与这个偏旁有关系。如人字旁的字一般与人、劳作等有关,如“休”“他”“仁”“作”等;提手旁的字一般与动作有关,如“拉”“扯”“报”“推”等。

通过对汉字的细致观察,钱伟长找到了一种编码方法,那就是用汉字的宏观字形部件编码。他把151种基本部件按照形状相似、相近归类，定义在39个键上。如他把“其、耳、且、目、自、白、臼、贝、见、页”等部件编为一码，便于联想记忆，而且易学易用。另外，钱伟长的这一输入法在程序处理过程中具有较强的容错能力，很多汉字可以采用不同的分割方式来输入，以适应个人理解上的差异。这种汉字输入法技术在国内还是独创。

他的这一汉字输入法让我们从此甩掉了大键盘，输入汉字的速度加快，使用方便，而且易学易用，因此很快得到了国人的认可，被称作“钱码”。1986年国家标准局组织了全国第一届汉字输入方案的评测会，“钱码”从34种方案中脱颖而出，单人输入速度第一，被评为A类方案，并获得了上海市科技进步二等奖。

“钱码”汉字输入法就这样诞生了，它以快速易学迅速闻名于世，并为IBM公司所采用。更重要的是，它对加快我国中文计算机的发展起到了举足轻重的作用。有人说，以前是哪里有华人，哪里就有汉字；现在是哪里有计算机，哪里就有“钱码”。

钱伟长的妻子孔祥瑛回忆说：“有那么一段时间，他迷恋于电脑，迷恋于‘钱码’的研发，我只要看见他那双沉思的眼睛，就知道这个时候对他的任何干扰都是一件于心不忍的事情。”钱伟长则说:“凡是祖国所需要的,就是我所迷恋的。”

在钱伟长的学术生涯里,他先后涉猎了 20 多个研究方向,并于 1956 年和 1982 年两度获得国家自然科学奖。他的每一次转型都跟国家的需要有关,因为在他心中,祖国的需要就是他的专业!钱伟长说:“我 36 岁学力学,44 岁学俄语,58 岁学电池知识。不要以为年纪大了不能学东西,我学计算机是在 64 岁以后,我现在也搞计算机了。”①

---

① 于今. 百年伟长:追思钱伟长. 北京:红旗出版社,2012:324.

超龄校长

1976年10月，“文化大革命”结束，国家和人民迎来了春天。对于钱伟长来说，更是开始了崭新的人生旅程。

钱伟长感觉天亮了，自己的紧迫感也就更强了，他每天专心地伏案工作。这时，孔祥瑛已经退休在家，她全身心地为钱伟长做着后勤保障工作，他们一直这样，相濡以沫，永不分离。他们往日的家——清华园照澜院16号——又恢复了往日的祥和和宁静，还有不时响起的欢声笑语。为了给钱伟长一个更为安静的工作环境，孔祥瑛坚持不买电视机，孩子们只好到邻居家里去看，但是他们从来没有抱怨过。这种情况一直持续到钱家有了第三代之后，在第三代的“强烈抗议”下钱家才终于添置了一台电视机。

说到钱伟长的生活还有个小插曲。因为家里的一切事务，柴米油盐酱醋茶之类的，都由孔祥瑛一手包办，所以，钱伟长对买东西之类的事情基本上没什么概念，甚至连钱都不太会用。1982年，他主持全国非线性力学学术会议。会后，大家一起去游宜兴的善卷洞和张公洞。当时，有个摊子卖西瓜,他一时兴起,就想买点儿。没想到,他不仅连价都没还,还开出了一个高出时价十倍的大价钱,惹得大家哈哈大笑,幸亏被孔祥瑛及时制止了。

当然,最让钱伟长欣喜的是,他终于回到了他熟悉的、日思夜想的讲台。从 1977 年 8 月开始,他把讲坛开到了全国。每次来听课的人有 500 多人,场场爆满。从 1978 年到 1990 年,他走遍大江南北,讲课 200 多场,听众有 400 余万人次。看到坐在下面听讲的人眼睛里闪烁的对科学的渴望和向往,钱伟长感叹于大家对科学的热情,对科学的热爱,同时也因为社会上尊重知识、尊重人才的思想成为风尚而由衷地感到高兴。

钱伟长说,他的大脑中储有一个力学矿藏,但是这个矿藏并非属于他自己,他努力去开掘这个矿藏,愿意把他最后的精力贡献给中国的力学事业。更让他高兴的是,1979 年的夏天,党中央以文件的形式公布了被错划为右派分子的 55 名党外人士名单,一律予以改正,并恢复名誉。钱伟长就是其中之一。

1983 年 1 月 12 日,中央做出决定,将钱伟长由清华大学调到上海工业大学,担任校长职务。邓小平还在这道命令的下面加了一行批示:此人的任命不受年龄限制。因为当时钱伟长已经是71岁了，不符合教育部的“超过六十不允许再当校长”的规定。

三天后，钱伟长带着他的一箱手稿，一个人到上海工业大学上任。钱伟长说：“我重新获得了全心全意为党和国家的教育事业不懈奋斗的全新条件，从而开始了新起点。”

当他到达上海工业大学时，他才知道，这个学校已经两年没有正式校长了。目前，学校里有4个系、9个专业，800余名学生。这所学校被上海人戏称为“四流学校”。钱伟长开始了大刀阔斧的革新之路。

首先，钱伟长决定打破学校和社会之间的围墙。他说只有这样，才能真正让学校教育和经济建设的联系紧密起来。那时，某所名牌大学向来校参观的人收取费用，在社会上引起了轩然大波，大家对这件事情争论不休。钱伟长听说了这件事后表示，我所任教的学校，不但不主张收费，而且还会把大学的围墙拆掉。大学就应该与民众融合在一起。记得访问英国剑桥大学的时候，他们看到的剑桥就是一座大学城，没有什么围墙，大学在城中，城在大学里。我国著名教育家蔡元培也有着同样的办学理念。他任北京大学校长期间，大力提倡开门办学，甚至还招收了旁听生。这些旁听生中后来有很多人对我们民族的发展和建设起到了至关重要的作用，如毛泽东主席就是其中的一员。除此之外，还有著名的作家沈从文、冯雪峰、丁玲，革命志士柔石、瞿秋白等。所以一所成功的大学，需要有开放与包容的大学精神，让大学文化穿透围墙，让更多的人受益。这样我们的教育辐射面才能更为宽广，我们的教育效果才能更好，我们的教育才更具价值。

其次，钱伟长还有效打破了各个专业之间的隔离墙。他认为，现代科学技术应该是跨学科的，各个专业之间有交叉的地方，因此如果想融会贯通的话，就必须人为地学会打通各个专业。这种思想应该说是受到当时在清华大学读书的经历的影响，那时老师们对他们的要求就是不要为了学物理而学物理，应该注重联系相关专业课程，如数学、化学等。事实证明，这一教学理念，对人的发展来说，确实起到了至关重要的作用。它可以拓宽人的眼界，增强知识的实用价值。

钱伟长对大学和老师、学生之间的关系还有一个非常有意思的比喻。他说，如果把大学比作大海的话，老师和学生就是水里的鱼。小鱼跟着大鱼游，游着，游着，小鱼就变成了大鱼。学生正是在游泳的过程中，通过向他们的老师学习、理解、模仿，才长大的。所以老师要认真在课堂上传授知识，还要注重自身的人格修养的提升。学生走进课堂，不仅要读书、学习，还要学会做人。这是我们教育的经验所在，也是教育思想的精华所在。

20世纪90年代初，在社会上刮起一阵风，人们追求考托福、出国、跳舞等。这种思想在校园里也一下子风起云涌。对此，钱伟长非常担忧，他给全校师生做了一次演讲，题目叫作《没有一个独立富强的国家就没有个人的一切》。它的具体内容如下①：

各位同学，各位老师：

由于我们的工作没有做好，使我们国家的老百姓现在还没有过上应该过的好日子，使我们民族五千年的光辉受到一定影响。我们这几代人虽然没有把国家搞成本来应该有的那么兴旺，但国家确实是有很大进步的。不过开“门”一看，我们仍然是很落后的，我们应该努力解决这个问题。解决的办法不是逃避，不是躲开，而是要勇敢地担当起责任来。可是，时间对像我这样年龄的人来说，最多不过十多年吧？而你们还有几十年或上百年的工作要做，你们不做谁做？现在我听说学校里有股风，叫“TDK”，“T”是念“托福”，“D”是跳舞，“K”是谈恋爱。这样做就不符合国家和民族对大家的要求了。我们的民族若没有那么一批人敢于把国家的责任挑

① 钱伟长.钱伟长学术论著自选集.北京：首都师范大学出版社，1994：381－386.

起来，用全部精力来为国家和民族工作，我们这个民族就会永远被人欺压。你们中一些人是不会体会这一点的。我们从旧社会来的人都知道，若没有一个独立富强的国家，就不可能有一个民族的尊严，更不会有一个民族中个人的一切。新中国成立前，上海黄浦江边公园门口挂着“华人与狗不得入内”的牌子，外国殖民者竟然荒谬无耻到这般地步！你们没有受过这样的侮辱，体会不到这种心情。若没有几百年来，特别是近百年来我们民族优秀儿女和大批革命仁人志士的流血牺牲奋斗，我们连今天的这一点权利也不会有的。现在，帝国主义者用各种办法来分裂我们国家，那股气焰还是相当嚣张的，想打破我们的团结，以期达到他们的目的。

现在想出国的人很多，我不反对这点。但是你们应首先考虑到，出国的目的不应是解决个人的问题。只有国家和民族的问题解决了，个人的问题才能真正得到解决，才能有个人的自由和个人的一切。国家的富强要经过几代人的共同努力奋斗，只有顶得住各种外部侵扰，才能有中华民族的振兴和我们的生存！据说在300多年前，美国印第安人有800万到1000万人口，文化很高，他们的文化系统很接近我国的文化。但现在这个民族的人口只剩100万左右了。经过300年，他们的文化变成了供美国旅游的对象了。还有南美的玛雅人，历史上相当繁荣，文化很高，但在西班牙和葡萄牙的殖民统治下，也是人口减少，文化每况愈下。所以不要以为我们有11亿人口，垮不了，没那么回事，若再糊涂下去，也非垮掉不可。实际上，垮掉的民族多得很，非洲就有很多民族，在近一两百年的殖民者侵略过程中垮掉了。我们不能糊涂，必须认识到没有一个统一的、团结的、强大的国家，就没有一个民族真正的生存条件。若一个民族连独立生存的条件都没有，整个民族都是无国籍、没归宿的群体，你个人又逃到何方？现在有不少人梦寐以求地想出国，为"TDK"而奋斗，只是这个追求，而不是想报效祖国，那实在是可悲的。这就谈不上有什么最起码的人格和品德。你应该晓得，在世界各国之间还存在着不平等关系。我们讲和平共处五项原则，但有的人不和你讲这个，他能欺你就欺你，能占领你就占领你，占领后能赖着不走就赖着不走，他们哪里把落后国家的人民当人看待！

近百年来，我们中国有很多学生出去留学了，去学习人家先进的东西，目的是为改变我们国家落后的面貌。新中国成立以前上海有个留学生，他从日本留学回来，办了个天厨化工厂，当时叫天厨味精厂。他一辈子献身这个事业，他对我国化学定名方面做出了贡献。他当时看到很多人无钱读书，就把天厨厂的大部分利润提出来办了个“清寒奖学金”，从1928年到1937年间，每年有100多人得到这个奖学金的资助上了大学，为国家培养了不少人才。新中国成立后，这个厂发展得更大，成了上海较大型的化工企业。历史上有许多人曾想改变我们国家不合理的政治制度，如光绪年间的维新派人士梁启超等人都是日本留学生。维新失败，二三十个人脑袋搬了家，梁启超逃出来，幸免一死。接下来是孙中山领导的革命，也全部是日本留学生。后期有欧洲留学生。黄花岗72烈士就是72个留学生，他们牺牲在广州。中国共产党的领导人很多是留法的学生，他们出国勤工俭学，是为中国革命事业而去，也不是去解决自己的问题。

我再说一件事：1972年美国出了一本书，书名叫《中国的云彩》，书中有一套观点，就是美国没把当年一批留美学生留下来，使他们回中国后，搞成了原子弹，说这是美国的失策。当然，接着搞成导弹，那是1972年的事，当时美国不知道。书中批评美国政府说，若能把这批科技精英留在美国，中国就没办法啦。书中指名道姓的人有王淦昌、赵忠尧、钱学森和我等一批人。不让我们这些人回国，他们的居心何在？无非是把你当成他们国家的工具，为他们的利益服务，用你来对抗，甚至消灭中国。可是现在我们中有不少人不明白这一点,糊里糊涂。我们中国人应当有远大的理想和抱负,应当有高尚的思想去指导自己的工作和生活。当前国家有困难,困难怎么来的?一是怪我们自己不争气,再加上外国欺负我们,在国际大环境中不给我们平等条件。我们这辈人从小就知道有不平等条约,现在不常给你们提了,因为我们中国已经站起来了,这些不平等条约不起作用了。但是人家还是要围困我们,把我们封锁了30年,我们现在主动打开国门,他们又搞了个"你开放我渗透",我们有些人上了当。我希望你们把眼前个人的问题放开点,把国家民族的大业放在首位,学习那些见义勇为的同志,学习今天受表扬受奖励同志的精神风貌,多为我们民族的未来和前途着想。我们承认现在社会上还有很多不公平的事情,对此,我们不能光抱怨,因为我们都是社会中的一分子,这个社会有问题,我们自己同样有责任。所以要求大家共同努力,对自己的问题考虑得少一点,把民族国家的前途问题多考虑些。这样,当你们到老年的时候,就不会像我们现在,挨下辈子的骂,说:"你们这些老头子怎么搞的,搞了那么多年,怎么把国家搞成这个样子!"到那时,你们就可以给自己下这样的结论:"我是对得起自己的民族和国家的。"

最后,我补充讲两个例子,说明工作不对口时,只要自己努力,仍然可以大展宏图。第一个例子,上海灯泡厂有个女干部叫黄菊珍,她原来是学经济的,到该厂后做经济管理工作。她看到我国灯泡寿命短,易损坏,想方设法进行改进,历经七年苦干成功,不但解决了原有问题,而且使我国灯丝大量出口。去年她出席了全国先进工作者会议,是全国一百二十几个先进工作者之一。当初,有很多工程师认为她是胡闹,她学经济的,不懂冶金,不可能对此有所作为,但结果她却为我国的电力事业做出了特殊的贡献。所以,不管对口不对口,只要有志气,按国家需要的工作去做,就会出成绩。现在你们学的,可能以后工作中用不到,但工作方法和基础是一样的。第二个例子是清华水利系有个三年级学生,叫党治国,家住在延安南面的韩城。古代韩城出了个司马迁。他家几代老革命,父亲是个矿工。他认为水利对他家乡山区很重要,考上了清华水利系,还担任了三年级学生党支部书记。当年他不过提了个意见,就被打成右派,开除党籍。但他不管是否是右派,仍认为自己的意见是正确的。以后被送到门头沟煤矿劳改,他去后干了七年,与工人关系相处得很好,就因为不承认当年的“错误”,又把他定为反革命分子,判刑20年。后转到他家乡韩城坐牢。韩城有个煤矿,他在那里的七年坐牢中修理过整个煤矿的所有机械。韩城煤矿是个老矿,经常出毛病停产待修，找人又修不好，常找他来修，修后让他再去坐牢。直到1978年为止，他不知修好过多少次卷煤机和其他机械。他在那里一边坐牢，一边钻研煤矿机械技术，叫作边劳改边自学吧。虽然他是水利系的，但因为有一般的理论基础，容易学其他的技术。1978年科技大会时放他出来了。出来后他首先提出搞煤矿上一种高功率风镐，那是煤矿上很重要的一种设备。他各方找人配合，但无人相信他能做好这项工作。最后找到了我，当时我是开封矿山机械厂总顾问，我答应想法把他调到矿山机械厂。去后他做了工程师。我当时劝他："以前的事已经过去了，类似情况很多，不应再去想了。"他说："我根本不去计较这些，我考虑的是国家的生产！"我说："很对！"前几年他的先进工作曾多次得到表扬。他的贡献不是他原来所学的水利本行，而是他现场工作地方的另一种工作。

我举上面两个例子，无非告诉大家，今后的工作不可能像大家现在设想的那样一帆风顺。但有一条应该牢记：要立足于自己的工作单位，做好本职工作，把它搞好，其他一切不应计较。我提出上述要求鼓励大家，也是以此要求我自己。我是不论在什么岗位上都干的，没有岗位我也一样干，我曾有20年是没有岗位的，照样在努力干工作。比如搞坦克不是我的岗位吧,但我也为它做出过贡献。我们要有在哪里工作就在哪里干出成绩的思想,希望大家有这个共同的认识。如果你们各位都这样,我们国家就又增加了100多人的真正力量。请大家记住,关键是把本职工作做好,不管把你们安排在哪里。

钱伟长校长的演讲赢得了老师和学生们的一阵阵热烈的掌声,他语重心长的话,在老师和学生们的心中激起了一阵阵涟漪,反响强烈。

作为教育家,钱伟长非常注重开放办学。在他的影响下,上海大学(1994年5月由上海工业大学、上海科技大学、上海科技高等专科学校和原上海大学合并组建而成,定名为上海大学)开展了广泛的国际交流和合作,与国外高等院校建立了合作关系,同时,学校不断派遣教师出国进修、考察和参加学术交流。钱伟长认为,西方的现代文明与重视教育有很大的关系。这一思想非常有意义。

钱伟长还是上海大学不拿工资的校长,他把自己所有的精力全部投入教育事业中。他常说:"当好这个大学校长,不仅是我的责任,更是我的义务。我对自己从来不考虑,只要事情办得对国家好就行。我没别的要求,我希望国家强大起来,强大需要力量,这力量就是知识。"

钱伟长说："'四人帮'已除，重新获得科学工作的权利。欣逢1978年党中央召开全国科学大会，春风拂人，奋起之情油然而生。虽已年近七旬，还能为'四化'效力，感到无限幸福。我力图夺回已逝去的良好岁月，夜以继日地工作着。"①自1978年以后，他为了实现"四个现代化""改革开放"等目标，在全国范围内呼吁、宣传，还到全国各地进行考察、访问，充分利用自己的专业知识为人民排忧解难。

1975年，马尾港耗资6亿元人民币修建而成，但是由于当时选址不慎，刚建成不久，就被闽江冲积的泥沙堵住了。因此，这个港口被弃不用长达七八年。后来，有人提出，把港口迁建到其他地方。但如此一来，还得再耗费10亿元人民币！

1983年，钱伟长的到来使得这一难题得到了解决。经过细致、深入地勘察和反复测算，钱伟长终于找到了症结所在。闽江发源于福建和江西交界的建宁县，是福建省内最大的河流。它的流域形状呈扇形，上游水系发达，水量大，含沙量也很小，但是，闽江的下游坡度平缓，江面开阔，河水的流速明显减缓，在入海时，水流越来越平缓，导致中上游携带的泥沙淤积在入海口。要想解决泥沙淤积问题，只有加快闽江

① 曾文彪. 校长钱伟长. 上海：上海大学出版社，2012：5.

水入海时的流速,加大它的冲击力才行。

钱伟长提出,向闽江投放乱石,并用这些乱石筑起一条长约200米的长堤。这种方法叫作“束水攻沙”。它可以充分调动闽江的水流冲去码头区的淤沙。福建省委书记项南当即指示,按照钱伟长的设计立即动工。数艘木船开始搬运散石,很快一道石堤就横在闽江之上,犹如给闽江系上了一条腰带。它使闽江下游原本缓缓流动的水开始活泛起来,加快了流动的速度。

一个月后,马尾港的淤沙全部被冲走了。港口恢复了它原本的面貌,功能也正常了。人们欢呼雀跃,庆贺这难得的胜利。

福建省委书记项南在一次会议上感慨地说:“如果按照原来的预算,重新修建码头的话,我们得需要10亿元人民币,然而现在我们的钱伟长教授,仅用了100多万元就解决了这一难题,这个费用只是原来预算的1%而已!看来,钱伟长教授被海内外尊称为‘中国力学之父’,真是名副其实啊!”

唐朝著名诗人李白在他的《将进酒》中感慨道:“君不见黄河之水天上来,奔流到海不复回。”黄河,是中华民族最主要的发源地之一,也是我们的母亲河。它发源于青藏高原,流入渤海，全长5464公里，流域面积约79.5万平方千米，是我国的第二长河，在世界上排名第五。从高空俯瞰，黄河的形状构成了一个巨大的“几”字，有人说，这就像我们中华民族的图腾“龙”一样。黄河的中游流经我国的黄土高原，因此携带了大量泥沙，有的河段泥沙淤积，导致河床高于流域内的城市和农田，这就是人们所说的“悬河”或者“地上河”。这一流域内，水土流失严重，而且将大量的泥沙汇入黄河里，使得黄河成为了世界上含沙量最大的河流。据统计，黄河的泥沙量年平均高达16亿吨，如果用这些泥沙筑成一米宽、一米高的城墙的话，它的长度相当于从地球到月球之间距离的3倍，相当于赤道长度的27倍。不仅如此，严重的水土流失使得土壤的肥力降低，造成农作物的大量减产。沿岸的百姓对此非常担忧，他们试图通过进一步垦荒来改善这一问题。但是越垦荒，水土流失越严重。黄河流域每平方千米的范围内就有4000吨宝贵的土壤被侵蚀掉，相当于一年就破坏掉耕地550万亩。但是，人们很难意识到这个问题，他们看到粮食产量降低，就继续垦荒，而越垦荒，粮食产量就越低，如此一来，进入了恶性循环，以致黄河决口、改道的次数越来越多，频率越来越高。从公元前602年到1938年，黄河决口多达1590次，大的改道有26次，平均3年就有2次决口，100

年就有一次大的改道。其中,1938 年的黄河改道导致河南东部、安徽北部和江苏北部大部分土地被淹没,受灾人口多达 1250 万。曾几何时,我们面对母亲河的泛滥和暴虐,束手无策。

1985 年 12 月,钱伟长来到这个多灾多难的黄河三角洲地区。按照他的习惯,他先在黄河三角洲的入海口进行了仔细勘察。此时,黄河的河口被冰凌堵塞住了,两岸的河堤被冲开了一道道豁口,看来它又要改道了。胜利油田正巧在黄河入海口附近,当时油田工人、当地的农民和解放军战士已经开始修堤护坝,日夜坚守了。此时,若是黄河改道,我国的经济损失显而易见,人员的伤亡也在所难免。

钱伟长继续深入调查,他发现黄河春汛冰凌的产生主要跟河口外的一条长约 20 多千米的水下拦门沙有关系。这条拦门沙是泥沙长期积淀的结果。每到冬季的枯水期,黄河水流不畅,被阻住的河水在这个地方结成了厚厚的冰凌,而春季解冻时,上游水量增大,水流加速,下游的冰融化速度较慢,没有为中上游的水流让出足够的通道,因此,黄河频频自主地改道。钱伟长向胜利油田和当地政府提出,要想解除这一危害,不能用堵的方式,而只能用疏的办法。他说,这跟当年大禹治水是一个道理,如果我们用堵的办法,那么黄河的水被堵塞住之后，将会产生更大的作用力，从而迫使它只能改道了；如果我们用疏通的办法，让黄河的作用力分散、减小，那么黄河就没有力量另辟一条道，只能乖乖地沿着原来的河道继续前行了。所以，当务之急应该是打开河口外的拦门沙，给黄河让道，尽量不让它“发脾气”，这样险情自然就会排除了。

按照钱伟长的方案，当地政府组织船只装载着消防用的救火机，先将河水抽出，然后用高压水枪猛烈地冲击水下的拦门沙，将沉积的沙子打散，把这堵墙先给它推倒，这样打落的沙子就被湍急的河水带入了大海。这种办法虽然没有什么先进之处，但事实证明，是非常有成效的做法。十几天之后，这个沉积了长达千年之久的水下拦门沙硬是被人们打开了五千米宽的豁口，河水畅通无阻，这个地段的冰凌也消减了。黄河入海口改道这个困扰大家多年的难题，就这样被破解了。人们奔走相告，欢呼雀跃，对钱伟长驯服黄河这件事情，大家赞赏有加。

有人说，钱伟长真是太聪明了，他干什么都能干得很好。钱伟长说：“我不是天才，我的学习是非常勤奋的，我发现很多东西我还不懂，需要，我就学。你们不要相信天才论，关键是刻苦和努力。没有学不会的东西，问题在于你肯不肯学，敢不敢学。”是的，这一番话值得我们每个人仔细地品味和认真地学习。半个多世纪以来，不管是暴风骤雨，还是春风拂面，钱伟长总是能够保持平和的心态，他把自己全部的热情都倾注在忠于祖国、热爱人民的伟大事业中。他不断地追求，认真做好每一件事。平凡中见伟大，正是因为他踏踏实实，认真地做好每一件事，所以他才能书写出中国科学史上的伟大篇章。

最看重的称号是"校长"

有人问钱伟长:"您这一生中,称号很多,有人称您为'科学家',有人叫您'政协副主席',还有人叫您'校长''教授',在这些称呼中,您最喜欢别人叫您什么?"

钱伟长回答道:"我最喜欢别人叫我校长。"

接着,他又补充道:"校长可不是什么官,是督促我全身心投入的职责。"

钱伟长自 1983 年开始就担任了上海工业大学的校长。1994 年,上海工业大学、上海科技大学、上海科技高等专科学校和原上海大学合并组建成新的上海大学后,他继续担任校长的职务。截至目前,他是我国上任时年龄最大的校长(当时他已年过 71 周岁,超过了国家规定的 60 周岁),也是我国唯一一位终身制校长,也是一位不拿工资的校长。他把家安在学校里,这样他就可以时时刻刻跟学校在一起,跟学生在一起。他将自己的心血注入上海大学的建设中,那里有他的教育理念,有他对学校深沉的爱。

学生在钱伟长的心中一直占据着最重要的位置,在他做

老师时是这样，他当了校长以后，更是如此。他认为学校不仅要培养学生的专业技能，还应该注重培育学生的综合素质，尤其是道德情操方面。他说："我们培养的学生首先应该是一个全面的人，是一个爱国者，一个辩证唯物主义者，一个有文化艺术修养、道德品质高尚、心灵美好的人；其次，才是一个拥有学科、专业知识的人，一个未来的工程师、专门家。"

每年的新生开学典礼和毕业生典礼是钱伟长一定会参加的两个重要的大会。他说，这两个大会都是学生的人生大事。每次毕业典礼上，他都会亲自把一份份毕业证书交到学生的手里。学校规模大了，学生也多了，发证时间很长，很累，但是这些都阻挡不住他的笑容。学生们说，看到钱校长的笑容，是最幸福的事情，因为他的笑容总是让人很安心，会给以人无穷的力量。

上海大学2005届的毕业生至今还记得钱校长在毕业典礼上的讲话。他说："今天你们毕业了，快要离校了，我有几句话要告诉你们，这就是：先天下之忧而忧，后天下之乐而乐！天下就是老百姓，百姓之忧、国家之忧、民族之忧，你们是否放在心上？先天下之忧而忧，忧过没有？后天下之乐而乐，乐过没有？我希望你们真正能乐，忧最终能成为乐！"①

---

① 于今.百年伟长：追思钱伟长.北京：红旗出版社，2012：24.

当时，钱伟长的身体有些不适，口齿有些不清，但是，他的话依然掷地有声，这让很多学生印象深刻，并且铭记在心。

这番话正是钱伟长核心思想的体现。他认为，做人最重要的品质就是要有责任感。这是他对自己的要求，也是他对学生的期望。钱伟长指出："我们要培养学生对国家、社会、民族的责任感。我们的学生如果没有责任感，整天只是考虑自己的小的利益，如经济生活好一点，地位高一点，那就不能担起跨世纪的重任。我们要学习革命老一辈，他们牺牲个人，牺牲一切，为了民族的斗争获得胜利。我们要培养一批大公无私的人。个人、家庭是私，国家并不是没有考虑，但大公更重要，要考虑整个民族和国家。如果学生不能很好理解这一条与做到这一条的话，我们的教育是失败的。"①是的，责任感是我们每个人必须具备的品质，有了责任感，我们才能更好地热爱我们的祖国，热爱我们的民族；有了责任感，我们才能更好地沿着老一辈革命家的路继续前行；有了责任感，我们才能建立起一个和谐、祥和的社会。钱伟长在这方面给我们每一个人树立起了典范。他在上海大学任职期间，一直住在学校里，不拿工资。在上海这样的开放城市里，他没有购置一处属于他自己的房产。在物欲横流的社会，这种

---

① 顾传青.探寻大师的轨迹：钱伟长为什么能.北京：科学出版社，2013：115.

思想简直让人无法理解。但是钱伟长为我们树立起了一座丰碑,他为我们每一个人洗涤了心灵。

对民族的责任感一直是钱伟长思想的核心内容。少年时,爱国主义精神就已经植入他的思想中;年轻时,他用自己的行为很好地诠释了这一点;中年时,他用自己的实际行动证明了这一点;老年时,他更加注重用思想影响年轻的一代。

徐匡迪教授1986年从瑞典学成归来,被任命为上海工业大学常务副校长,20多年来,他一直积极参与教育改革,与钱伟长的交往也有27个年头。他至今依然记着钱伟长对他的教诲。那是在1984年的秋天,钱伟长赴丹麦的哥本哈根出席世界力学大会。徐匡迪听到这一消息后,到机场把钱伟长接到家中。白天,徐匡迪带钱伟长参观了自己所在的公司;晚上,他们就彻夜长谈。钱伟长总是劝他说,还是得早一点儿回国。记得,当时我国有很多人到国外留学、工作,他们最初的想法都是学成归来,为祖国多做贡献。但是,国外的物质生活远比国内的条件要好,甚至还存在着上百倍的收入差距。有很多人因此而动摇。钱伟长对这一情况深感痛心。他对徐匡迪说,国家和学校都需要你,我也需要你回去帮我一起管理学校。你能快回去就快回去吧,不要再给外国人干了。我们都是中国人,还得为自己的国家多做一些事情。这一番话对徐匡迪产生了重要的影响，他被钱伟长的赤子情打动，很快就结束了瑞典的研究工作，提前回到了祖国的怀抱。

有人曾经建议年事渐高的钱伟长不要再参加开学典礼和毕业典礼了，只要在下面看着，或者通过摄像看着，效果不是一样么？钱伟长说："校长就应该亲自把自己的学生送走，送到国家的各个岗位上去！"①是的，有钱伟长校长参加的典礼是不一样的，那种温暖和关爱，是无法替代的。握手，本来只是短暂的、礼节性的动作，但是，在钱伟长看来却是跟学生沟通、了解学生情况的一次庄重的仪式。记得有一次，钱伟长跟几个学生握手过后，就跟旁边的几个老师说，这几个孩子的手有些凉，还冒冷汗，以后得督促他们多参加体育锻炼了，把身体锻炼好了，才能学习好啊！

毕业典礼后，学校组织大家拍毕业照。如果天气好的话，大家会选择在大草坪上拍照；如果天气不好的话，则会改在体育馆里进行。钱伟长每年都会跟学生们合影。有一年拍毕业照时，正赶上天气不好。不过，大家开始排队时，天气还算可以，并没有下雨。没想到，大家站好位置后，反而飘起了小雨，而此时领导还未到场。负责人心想，反正雨也不算大，这么多人排一次队也不容易，干脆就坚持坚持吧。钱伟

---

① 于今. 百年伟长：追思钱伟长. 北京：红旗出版社，2012：49.

长走出办公楼，发现外面下雨了，再一看学生们还在雨中站着等着拍照。他勃然大怒，声色俱厉地说："到底是谁的主意?! 是谁让学生站在雨中的?"负责人吓了一跳，赶快组织学生到体育馆里去。

钱伟长对学生的关爱体现在方方面面。上海大学新校区的总体规划方案是他亲自设计的。1997 年 6 月，新校区开始立项、开工。那时，已是 85 岁高龄的钱伟长，听到这个消息后，兴奋得连夜手绘了一张新校区的规划草图。深夜，校园里静悄悄的，他书房的灯光此时显得更加明亮，这位白发苍苍的老人正在书桌前专心致志地绘图。这幅图凝聚了他对上海大学未来的憧憬，这幅图体现了他对上海大学深沉的爱。这幅图纸中有两个地方特别吸引了大家的目光。

一个突出的特点就是钱伟长对厕所的规划。按照常规做法，在每栋楼的第一层、第二层和第三层都安排了 60 个厕位，这样四栋楼共计有 720 个厕位。钱伟长考虑到，课间休息时间为 10 分钟，有时学生在这 10 分钟之内，还要完成换教室这样的活动，那么时间就很紧张；另外，根据教室和厕所之间的距离，有的学生大概得走一两百米才能到厕所，这样时间上就显得更紧张了。若是按照一个厕位 1 人次的使用时间为 1 分钟计算的话，那么 720 个厕位只能供 7200 人次使用。但是,这是按照1人次1分钟计算的,没有考虑有人超时的情况。另外,在一般的设计方案中,男女厕所的厕位数量往往区别不大,两者基本持平,甚至有些设计方案中,女厕所的厕位数量还会更少一些。这是因为有的人认为,女生的数量比男生少。但是,钱伟长在设计中考虑得非常周到。他说,我们只是根据自己的推测认为女生比男生少,但是,实际情况却是女生的数量比例这几年是呈上升趋势的;而且,一般来说,女生用厕所的单位时间要比男生长一些,这是大家都知道的事实。所以,钱伟长在设计图中为女厕所提供了更多的位置。这种设计思路看似没有多大的改变,实际上,它所体现出来的人性化的理念是非常先进的。当然,更重要的是,它体现出了钱伟长对学生的关爱,对科学事实的尊重。

大学综合楼的另一个独特性就体现在它的造型上。这座综合楼被称为"鱼骨天线形"。这里的"鱼骨"指的是连接综合楼的四栋楼的交通要道。有了这个要道,学生在上下课时就可以不用在露天行走。上海地处亚热带地区,雨量充沛,一年中总有长达一两个月的阴雨天气。下雨天,学生们在露天走来走去,很容易把泥水带进楼道和教室,这样对保持楼道和教室内的卫生极为不利。钱伟长提出在第一层、第二层和第三层之间设置宽度为10米的通道。学生们在上下课时需要换教室，这些通道很好地解决了交通问题。同时，在通道上设置的长椅为学生们等候上课提供了座位。另外，钱伟长在设计方案中还提出，可以在通道上设置一些供水设备和文具纸张的供应点等。这为学生和老师的学习提供了极大的便利，他们可以在教室里学习一整天，而不用担心学习条件的问题。此外，这些通道还和食堂相连接，更加方便学生和老师，同时也为他们节约了吃饭的时间。

这个设计方案看似没有什么特殊之处，但是，当我们看到一般学校里的建筑“各自为政”，互不相通，去不同的地方要多走很多冤枉路时，就会明白这种设计是多么高明。

当然，钱伟长之所以提出这个设计方案，更重要的原因是考虑到学生和老师的学习。说到这儿还有一个有意思的故事呢。这座鱼骨形的综合楼引起了很多人的兴趣。一次有人问：为什么要建成鱼骨形的楼呢？上海大学的一位干部说，这种造型很漂亮啊！钱伟长一听，很生气地说：“我一直在说，造这个通道把楼连起来，就是为了方便教师与教师、不同学院的教师之间互相往来，方便学生在不同学院选课，方便教师与学生的沟通，怎么可以对别人说，这是为了漂亮呢？”①

① 曾文彪. 校长钱伟长. 上海：上海大学出版社，2012：155.

是的，这种设计正是钱老思想精髓的体现。他一直强调，综合性大学必须做的事情就是文理相通、理工结合、文理工相渗透。他更想把这种思想“种”在自己的大学里，让学生和老师从中受益，让它影响后世。这正是体现了钱伟长对上海大学深深的爱。

创新的教育思想

学校里的图书馆是钱伟长最喜欢去的地方之一。他一直强调无论如何都要把图书馆办好，并极力主张学生和老师都要充分利用图书馆。他认为，每个搞研究的人都应该养成独立自主的学习习惯，而图书馆就是一个重要的媒介和工具，人只有学会使用这一工具，才能掌握更多的专业技能。他到上海工业大学以后，先后建造了乐乎楼和文荟图书馆，为老师和学生创造了良好的学习环境和研究条件。新的上海大学成立后，钱伟长特意把文荟图书馆的位置定在了校园的中心。图书馆的外观雄伟壮丽，内部设施先进，在国内居领先位置。他还为图书馆争取到了近3000种外文原版科技期刊，期刊涵盖了多个学科，这让上海大学图书馆在国内院校中名噪一时。

钱伟长经常到图书馆走一走、转一转，了解大家对图书馆的利用情况。尤其是刚到上海工业大学的那几年，他几乎每天都会到图书馆里转一转，有时他还会翻开阅览室的进馆人员登记簿，看一看每天有多少人进馆看书，里面有多少老师，有多少学生。进馆的人多，他就开心；进馆的人少，他就很生气。后来，图书馆的设备改进了，可以自动统计进馆人数，但是钱伟长还是保留着原来的习惯，经常到馆里查一查大家的进馆情况。

他之所以关注大家对图书馆的利用率，主要是因为在他看来，一个人自学能力的高低直接关系着科学研究能力的强弱，尤其是对学生来说，只有通过主动学习，才能将老师教的知识转化、吸收，从而变为自己的东西，否则只能相当于一个传话筒或者录音机，根本无法提高个人的能力。而一个人一旦学会了自主学习，掌握了自学的能力，那就可以获取很多知识，而且还可以举一反三，提高自己的适应能力和独立解决问题的能力。正所谓，师父领进门，修行在个人。关于自学，钱伟长尤其有自己的心得体会。他跟学生讲："自学得找窍门。就好比认路，从火车站到某个地方，你要走过几条街，拐几个弯，你一定得记很多路标，拐弯的地方是个电影院，或者路口有个小摊，等等；但你不用把一路上的每一个铺面都记住，只要挑重要的关键的地方记几个，那么你再走时就自然不会错。假如路上有坑、有石头，你都要填平了、搬走了再走，那走得也就太慢了。有坑、有水塘先跳过去、绕过去就完了，回头看，往往问题自然迎刃而解。要记住，学习要抓大节、抓大局，不要被细枝末节挡住路。”①

有人也曾提出：钱伟长是个聪明人，学什么会什么，会什么干什么，这哪是一般人能达到的呢？对此，钱伟长有着自己的看法。他曾经说过：“无论是谁，要想学得好，要想搞出成就，都必须勤奋。不辞劳苦、勤奋努力，孜孜不倦、锲而不舍的顽强精神和踏踏实实的学习态度是必需的，我从来不相信有天才，我只相信人的才能是用艰苦劳动培植出来的。天才出于勤奋。有人说我是有才能的，其实不是的。坦白地说，如果我曾做出了一点点成绩的话，这些成绩也是用艰苦学习和不懈努力取得的。几十年来，无论我在国外还是在国内，无论条件好还是坏，我都一直在尽心尽力。因为我知道，任何人，不管他的天资如何，成就多么大，只要停止了努力就不能继续进步。今天不努力，明天就落伍；长期不努力，必然完蛋。正因为我坚守了这个信念，所以我才能经受住各种各样的磨难。”

熬夜的习惯是钱伟长在中学时代养成的，他一直坚持到老年。晚上八点他就开始工作，往往一干就是到深夜。在这个过程中，他学会了自学，还练就了在短时间内独立解决问题的能力。钱伟长年过八十的时候，还很自信地说：“我可以

① 于今. 百年伟长：追思钱伟长. 北京：红旗出版社，2012：32.

说，我没有懒过，我的知识更没有老化。”

钱伟长还特别注重培养学生独立查阅资料的能力。他说：“第一是会找资料，即顺利找到你需要的资料。第二是自己要会读这些资料，能很快从这些资料中提炼出最核心最有用的东西，能整理得有条有理，跟原先所学挂上钩。第三是要有眼光，能够从中发现、提出问题，看到进一步发展的景象。有了这个能力，你就永远不会落伍。”[①]钱伟长还常常提起他的老同学林家翘记笔记的窍门。林家翘当年上学时记笔记的方法很特别。上课的时候，他先把内容记在本子上，课后，他就开始二次整理的工作。他先把重要的内容摘录出来，这样，他就只要复习这些重要的内容就行了，既减少了复习的工作量，又抓住了重点。接着，过一段时间，他会把这些整理过的笔记拿出来，进行再一次的整理，删繁就简，只取核心内容，同时还将这段时间内的其他笔记进行综合，从而整理出阶段性的知识点荟萃。经过这样的反复整理，他的笔记本反而越来越薄了，但这个薄薄的小册子里却记着这一个学期学习的精华内容。更重要的是，在这个整理的过程中，他把自己对知识的理解很好地、很有效地进行了归纳、总结，全部消化、吸收了。会学习的人，才会取得成功。一味蛮干，并

---

① 于今. 百年伟长：追思钱伟长. 北京：红旗出版社，2012：33.

不意味着一定会推开成功之门。

钱伟长除了注重向学生传授这些学习的方法和技巧外，还将这种理念贯彻在教学的实施计划中。早在上海大学成立之初，他就提出了学分制、选课制和短学期制的课程教学模式。这在中国的大学中实属首创。通过这种大胆的改革方案，上海大学为学生提供更为个性化、自由化的学习环境和学习氛围，对学生自主意识的树立和培养起到了至关重要的作用，同时也为学生学会学习提供了重要的保障，更为学生以后走上工作岗位铺平了道路。传统教育方式下，好学生和差学生一起学，好学生觉得简单，差学生觉得难，老师觉得左右为难，不知道该照顾哪一拨，只能选择中间道路，这样，好学生可能就被埋没于其中，差学生实际上还没有被拉上来。而按照学分制，学生可以根据自身能力自主选择课程，组织学习，实现了因材施教，老师和学生都可以把主观能动性发挥出来，达到教学相长的效果。另外，学生如果提前修完学分的话，还可以提前毕业，这不仅节约了国家的教育资源，还为学生日后的工作创造了很好的条件。

钱伟长对学分制有着自己的理解，他说："学时制是指每周上课多少学时，学生要学习多少时间，包括上课、辅导、实验、自学等。而学分制是按教师花费的时间、教师与学生实际见面的时间来计算的。我国在解放初期院系调整之后,那时的高校搞的就是学分制,以后学习苏联就取消了,改为学时制。目前世界上有学分制,也有学时制的。北欧、北美全是学分制,西欧有部分高校是学分制。学分制如何进行呢?我在读书时接受的是学分制管理,以后当过教务长和校长,也管过学分制。学分制的具体做法大致是这样的:一个学期中每周几堂课,就算几个学分,实验课、实习课、习题课每两个学时算一学分,毕业设计(论文)不计学分,完成一个科研项目可以折算若干学分。必修课和选修课规定在四年内要各学满多少学分,如有不及格学科要重修。"①

关于选课制,钱伟长的思考是这样的:"选课制和学分制是结合在一起的。选课制的一大特点就是对基础课的要求大大提高了。基础课多为必修课,学生是必须及格的,因此学生对基础课很重视,很会选择上课的老师。美国麻省理工学院的数学课原来有八位教授同时开课,有的教授课讲得好,听课学生越来越多,有的教授的学生则少得很,甚至只好停课辞职。"②这种方式可以有效地激发教师工作的积极性,同时也对学生发挥主观能动性有着重要的促进作用。

---

① 顾传青. 探寻大师的轨迹:钱伟长为什么能. 北京:科学出版社,2013:110.

② 顾传青. 探寻大师的轨迹:钱伟长为什么能. 北京:科学出版社,2013:110.

短学期制就是把一学年的时间分成三个教学学期（现在一般学校都是分成两个学期）和一个实践学期。每一理论教学学期内安排十周的教学、一周半的考试，两个教学学期之间有休息时间。另外，夏季学期为实践学期，主要安排学生进行课程设计、实习和社会实践。这样学生有了更多的社会实践的机会和时间，老师有了准备教学和开展科研的时间。钱伟长说："三学期制就是为推行完全学分制创造条件。三学期暑期长一点，可以让大学有更多的时间做准备，把科研、教学内容做些更新，把自己课程的逻辑性加强。我们学校水平提高了可以影响上海各方面的工作。我们在学校中要为学生创造一种积极好学、奋发向上的气氛，让他们在这种自强不息的气氛中成长，将来到社会上就有勇气去竞争、去拼搏、去创造成绩，为国家多做贡献。如果我们每个系、每个教研室都在不断创新，学生就会受到熏陶，让学生在创新的气氛中学习，将来到社会上他们也会创新。"①

① 顾传青. 探寻大师的轨迹：钱伟长为什么能. 北京：科学出版社，2013：111.

附录 钱伟长的教育理念集萃

周哲玮教授说:“在钱先生六十多年的学术生涯中,教育事业占据了极其重要的地位。他是一位真正的教育家。”① 钱伟长对教育事业可谓投入了毕生的心血,无论在师资队伍建设方面还是人才培养方面都倾注了他对教育事业的热爱。

师资队伍建设

钱伟长常常教导老师说:“你不上课,就不是老师;你不搞科研,就不是好老师。教学是必要的要求,而不是充分的要求,充分的要求是科研。”在他的思想中,老师应该“用两条腿走路”,教学是科研的基础,科研是教学的提升,两者相辅相成,互为条件,同时,科研更是一个老师教学和研究的综合能力的体现。老师更应该注重的是科学研究,并将其有效

① 顾传青. 探寻大师的轨迹:钱伟长为什么能. 北京:科学出版社,2013:208.

地和实际生活联系在一起。钱伟长主张,我们的教育应该与经济建设相联系,社会在变化,科学技术在进步,无论何时,教育都不能脱离社会独自发展,而应该紧密地和社会的发展相关联,为社会服务,为祖国的建设做贡献,否则的话,连学校都办不好。

目前社会上流传一句话,哥哥姐姐教高中,叔叔阿姨教初中,爷爷奶奶教小学。这句话直接指出了当今教育过程存在的诟病。人们在追求表面上的高薪和高地位之余,却忽视了教育的根本是从小学就应该打好基础,也忽视了教育的一个重要环节就是打好人生的基础,否则不成空中楼阁了吗?

在这一点上,钱伟长还分析了日本的一些做法。二战后,日本的重要工业生产都停止了,工业生产水平大大降低,仅维持一般的社会生活所需。这时,日本的财政很困难,因此,他们把原有的20多个部裁撤,合并成6个,但与此同时,教育部却得以扩大了。他们从整顿小学开始,摒弃封闭性的、绝对纪律性的教育,开始搞开放式的教育。他们还把大量的大学毕业生安置到小学做小学教师。五年后,他们就用同样的方法整顿了中学。很快,他们将不称职的中小学老师全部换成了大学毕业生。

1966年,日本开始发展工业。当时日本生产的摩托车,数量大，但是技术不高，在世界上没有什么地位。他们挑选了二三十个人，分成几个小组到世界各国访问，哪里有生产摩托车的，他们就去哪里。到了那儿以后，他们首先取得外国厂家老板的信任和欢迎，然后去看人家的实际生产，看了之后，他们还要讨论，还要人家的样品，还要人家的技术资料。就这样，每一个小组都拿到了三五件样品回去，他们回到日本后，再次分析每一件样品的优缺点，从而形成自己的产品。四年后，他们就生产出了一种重量轻、性能稳定、价格低的轻骑摩托，一举抓住了世界市场。

因此，钱伟长对我国教育中存在的一些现象一直在认真地思索，不断探索适合我国教育的出路和方法。他提出，经过研究生阶段培养的年轻老师，应该先开专题课，讲解一些与他的专业领域相关的课程，等到这些年轻老师成为副教授以后，再开专业课。通过这样的教学相长的过程，年轻老师才能成长为真正熟悉自身研究领域的人，他们才能真正具备教学和科研的能力。而越是资深的教授，则越应该去开设基础课。因为资深教授们一般都在自己的教学领域内有了一定的建树，知识面宽，知识积累多，工作经验丰富，讲课技巧灵活，这些优点对于基础教学来说起到至关重要的作用。钱伟长自己就是这样的老师。学生们上钱伟长的课，总是觉得有特别的吸引力。看着这个个头不高，充满一种源于知识所带来的自信的老师，学生们感觉如同有一根绳子拉着每个人，使他们不由自主地跟着钱伟长的思路走。只见钱伟长手拿一支粉笔，在黑板上边演算边讲解，科学的奥秘就这样被揭开了，让人无法拒绝。每次下课时，钱伟长的公式推算也正好完成。整个过程一气呵成，动人心魄。

钱伟长经常与各个院系的老师交流、谈心。在座谈会上，他多次跟老师们说："我们培养学生的目标不能仅限于让他们掌握知识，更重要的是培养他们的科学思维方式、科学方法和科学创新的能力，只有这样才能使得我们的学生具有适应新时期建设要求的能力。"

人才培养模式

无锡一中是钱伟长的母校，他经常回到母校和孩子们在一起，常常会把自己的想法告诉母校。

钱伟长每次回到母校，都会提醒校长和老师，办学不是压制学生的兴趣、爱好，只让学生读好书就行了，而是应该采用灵活的方式，鼓励学生自学、培养自己的兴趣爱好，也就是进行放羊式的教育。这是钱伟长根据自身学习经历进行的经验总结，更是他对中学教育作深入了解后的思考成果。他在清华大学的学习经历对他的思想观念产生了极大的影响。那时,学校注重对学生自学能力的培养,对学生的约束较少,给学生很大的自由空间,遇到难题他们自己想办法,这样反而促进了学生的自主学习能力的提高。而随着钱伟长对中学教育了解得越来越多,他发现,我们现在的相当一部分学校没有很好地吸收、采纳这一先进理念。

早在1997年,钱伟长就指出了目前我国中学教育的弊端。他说,我们的中学可以分成三类。第一类是薄弱中学,也叫非重点,这种学校占据总数的比例为60%。第二类是重点中学,从学校倡导的思想来看,他们实行的是放羊式教育。这些学校的学生们往往思维活跃,不靠死背书学习,考上大学的比例会很高。第三类就是所谓的应试型的重点中学了。这种学校往往对学习抓得非常紧,学生的考试分数也很高。但是,可惜的是,学生的思维被限制住了。他们进了大学之后,还是按照中学的学习习惯来学习,依赖老师,依赖课本,依赖题海,却独独没有自我思考的能力,更谈不上创造力了。这就是人们常说的“高分低能”现象,他们这样的孩子只能称为考试机器,往往成不了出色的研究者。我国古代的教育家孔子也说过:“学而不思则罔,思而不学则殆。”只是闷头学,而从不思考,学了也是白学,没有什么实际的效果可言。

钱伟长在一次报告中以清朝有名的文人郑板桥为例，为大家讲述了这种思想。郑板桥无论是作诗、绘画（尤其善画竹、石），还是写字，都非常有名。有一次，他遇到一个小孩在读“四书”（《论语》《孟子》《大学》和《中庸》的合称），只听到这个小孩口齿清晰，书背得很流利。郑板桥和他攀谈了一会儿，问了他一些典故，小孩都回答得清清楚楚。这个小孩的记忆力很强，无论什么文章，他只要看上两遍就能背出来。后来，郑板桥问了他几个问题，小孩却回答不上。原来，这个小孩只会背，但是没有思考，更谈不上有自己的见解。郑板桥给他讲，不能只追求把书背出来，更重要的是理解和领会。后来这个小孩按照郑板桥的教导做，18 岁就考上了进士，后来还成了清朝有名的学者。

钱伟长在视察一所小学时，语重心长地告诫老师：“一定要搞好教学创新，引导学生多思考，培养学生自己获取知识的能力，授之以渔。”他说，真正的好老师，是让学生自己动脑筋，而不是单纯地自己说，让学生记。这种思想，他在大学阶段的教育中同样非常注重。他曾说过，一个好的学生在大学毕业时，应该有一肚子的疑问，而不是觉得自己的瓶子里已经装得满满的，全是知识，连一个问题都提不出来。

他的这些教育思想的精华如今已经见到了成效。潍坊市教育局13年来一直秉承钱伟长的教育理念。他们对传统教育模式中的老师讲、学生听和满堂灌等教学方式进行了改革，采用了以小组讨论、自主学习为主的教学模式，激发学生的主动性，让他们改变了“为爸爸、妈妈学”“为老师学”，就是不为自己学的错误思想。思想转变了，学习的动力也上来了，学生们在学习的过程中自由遨游于知识的海洋，享受着学习带来的乐趣，他们的学习劲头更大了。据教育部对全国中小学的监测数据看，潍坊市小学的学生睡眠时间、作业适合性、心理压力、学习动机等多项数据结果非常标准，位居全国榜首。

敢为天下先的教育主张

熟悉钱伟长的人都知道，他一生性格平和，但是唯独在三件事情上，他的态度非常强烈。这就是人们常常说到的他的“三个反对”。

首先，钱伟长反对文理分科。20世纪80年代，我国的中学开始文理分科。钱伟长当时就特别反对这一做法。他认为，我们的学生的知识学习应该以全面发展为目标。如果一个人只学文科，或者只学理科的话，那他的知识储备明显是有问题的，正如他自己的学习经历一样。小时候的家庭教育主要是以文科为主，他的阅读、写作等方面的能力都很强，但是，在理工科方面他就明显存在不足了。考清华大学时，他的中文和历史都是满分，而他的数学、物理和化学三科的成绩加在一起才25分。幸亏他后来的志向选择和自学能力补足了这一点，否则他的才能还是只偏在文科。而这一现象若是放在当代的话，学生又不具备同样的学习条件，那么长期下去，文科和理科的分界线就会越来越清晰了，像钱伟长年轻时那样，从文科到理科，从偏科生到力学科学家，这样的事情根本不可能再现了。另外，钱伟长认为一个人若是不具备历史、地理知识的话，他又怎能了解我们的国家、我们的民族的历史和现在？又何谈爱国主义思想呢？

钱伟长的亲身经历让他对文理分科的事有着深刻的体会。有一次，他在火车上遇见一个穿着体面的人，从安阳（位于河南省境内）上车，这个人居然对钱伟长说："你从郑州来的啊，一定经过汉口吧，汉口热吗？"（注：郑州位于汉口北。此人将两地的方位弄反了。）还有一次，在福州时，有一个人把我国古代著名的书法家蔡襄的名字念成了"蔡囊"。这让钱伟长非常感慨，我们的专业人员竟然连基本的历史知识、地理知识都不具备！

有着五岳之首美誉的泰山是我国著名的旅游胜地，也是文化名山。山脚下有一处有名的石刻叫“经石峪”，这是北宋时期刻的。一部经书有2200多字，是我们的国宝。有个地质学家去了那里，看到了说，这个石头好，在华北没见过，他想要这个石头，想带回去。他甚至命令自己的随从说，埋上火药把石刻给炸下一块带走。当时，很多人把他围起来，坚决不许他炸。结果，还是没拦住。现在经石峪只剩下八百多字了。这是多么可悲的事情！真是无知者无畏啊！

其次，钱伟长特别反对我们现在的学校分重点和非重点，这种现象不仅在中小学存在，大学同样也有。一般而言，重点学校资金雄厚，师资力量强，对于这些优势，非重点学校望尘莫及。但是，毋庸讳言的是，无论重点学校如何设置，它们只能满足少数人的需要。也就是说，我们的学生绝大部分都在非重点学校里。这样的划分使得我们的教育目标发生了偏离，因为教育归根结底是为了培养和教育我们的后人。如果按照这一目标发展的话，那我们应该将所有的学校建成重点学校才对。当然，有人会提出，我们目前还达不到这一条件，但是这并不能成为一个城市只满足这样的三五所重点学校的建设需求，对其他的非重点则一概不管的理由。

而从一般意义上来说，一个孩子上重点学校，能持续几个阶段呢？小学上了重点学校，能否保证中学一定能上得了重点？中学上了重点，能否确保大学一定上得了重点？我们的教育是否真的认同老百姓常说的“三岁看老”，从而一锤定天下？

学校之间的区别还体现在资金的掌握量上。钱伟长痛惜地说：“现在北京还有这样的小学，老师上课只能用半根粉笔，否则，钱就不够了，连订份《人民日报》也没有钱，椅子坏了老师拿绳子捆一捆。没有办法，经费少得可怜，这就是非重点学校。而在重点学校，连计算机都有了。这样行吗？我认为，非重点学校也应该多给点钱。重点学校钱给得太多了，就可能造成浪费。有些学校叫重点花钱，有些重点学校的钱比非重点学校多10倍以上，不能老是锦上添花，现在需要雪里送炭。重点学校的老师，奖金也多，很高兴；学生更是狂妄得厉害，认为自己了不起。保证将来进重点中学、重点大学，以后出洋，回来可以当个不小的官。多数非重点学校自暴自弃，反正就是那样，钱也没有，教师的质量也不高；学生也自暴自弃得厉害，反正能弄个初中毕业就行了，初中毕业后，最好是当个汽车司机，汽车司机收入多啊！捞不到这个，就去摆摊卖香烟，卖大碗茶，卖冰棍。这样的人自暴自弃到了极点，将来用合法的手段拿不到自己所需要的，就用非法的手段拿、偷、抢，什么都干，结果造成社会不安宁，犯罪率增加。当然，我们可以严格地执行法律，但是我们在执行法律之前，给中小学教育多花点钱，多花点力量，不是可以使我们的公安局、法院、检察院少点事情吗？我是反对把我们的小孩分成重点学校类和非重点学校类的。”①

根据我国教育的现状和难处，钱伟长建议，我们可以分期分批地进行，一年抓好五所学校，两年就可以抓好十所，十年就可以抓好五十所……如此一批一批地进行整改，我们的教育不就日益回到正轨了吗？

钱伟长对我国目前教育中存在的一考定终身的做法也是持反对态度的。1931 年，他还是一个刚刚中学毕业的学生。他先后参加了清华大学、唐山交通大学、中央大学、武汉大学和浙江大学的入学考试，并且全部通过考试。后来在四叔钱穆的建议下，选择了清华大学。钱伟长根据自己的经历，对学习有了切身的体会，他认为，我们现在的教育主要是围绕着高考这根指挥棒转，这种做法直接导致的恶果就是，无论是学生还是家长，大家都成了分数的奴隶，所有人的目标都成了单一的分数。家长不再注重孩子的综合素质，而是用一张张考卷、一次次的考分来评价自己的孩子；老师的工

① 钱伟长. 钱伟长学术论著自选集. 北京：首都师范大学出版社，1994：308－309.

作能力和成绩挂钩,学校的素质水平和成绩挂钩,我们陷入了为分数而学的怪圈里,跳不出来。而又有多少悲剧正是由这个让人爱又让人恨的分数造成的啊!

上海工业大学曾经试着改革,面向全国自主招生,根据会考成绩选拔学生,在高考前一个月就发放录取通知书,但终因没能突破国家政策的限制而中途结束改革。

计划虽然告终,但是钱伟长对教育的热爱和思考没有停止。他依然为我国的教育事业添砖加瓦,依然为上海大学的明天而努力奋斗,依然为他喜爱的学生而不断探索……

参考文献

[1] 顾传青. 探寻大师的轨迹:钱伟长为什么能. 北京:科学出版社,2013.

[2] 祁淑英. 钱伟长传. 太原:山西人民出版社,2010.

[3] 钱伟长. 钱伟长文选. 杭州:浙江科学技术出版社,1992.

[4] 钱伟长. 钱伟长学术论著自选集. 北京:首都师范大学出版社,1994.

[5] 钱伟长. 八十自述. 深圳:海天出版社,1998.

[6] 于今. 百年伟长:追思钱伟长. 北京:红旗出版社,2012.

[7] 曾文彪. 钱伟长与上海大学. 上海:上海大学出版社,2010.

[8] 曾文彪. 校长钱伟长. 上海:上海大学出版社,2012.